W0294574

LES GRANDES INTERROGATIONS PHILOSOPHIQUES

BERTRAND VERGELY

LES ESSENTIELS MILAN

Sommaire

Les mots suivis d'un astérisque (*) sont expliqués dans le glossaire.

De la vie à la pensée

« On peut vivre sans philosophie » disait Vladimir Jankélévitch. Mais on vit moins bien. Comment mieux définir la philosophie ? En effet, être philosophe et faire de la philosophie, qu'est-ce sinon vivre avec la pensée ? Et, vivant ainsi avec la pensée, qu'est-ce sinon découvrir qu'il y a dans la vie une autre vie que nous ne soupçonnons pas ? Une vie invisible à côté de la vie visible ! Une vie de l'esprit, et dans l'esprit, à côté de la vie purement matérielle souvent harcelée par la pression et l'urgence du quotidien ! La vie avec la pensée est une vie riche qui donne à l'humanité toute sa grandeur et toute son originalité, en lui permettant de se dépasser et de s'élargir vers un horizon inépuisable : celui de l'esprit. Pourtant, il ne va pas de soi de s'ouvrir à cet autre plan de l'existence. Habitués à vivre de façon souvent terre à terre, il arrive que l'esprit nous paraisse abstrait voire illusoire. De plus, comme un mauvais usage de la pensée conduit parfois à s'abstraire de la réalité, il n'est pas rare que l'on se mette à douter de la valeur de la pensée. C'est la raison pour laquelle nous nous interrogeons en nous demandant si ce monde de l'esprit décrit par la pensée est un monde bien réel.

Sans prétendre épuiser toutes les questions que l'on peut se poser en recourant à des réponses péremptoires, ce livre s'est donné pour but de montrer qu'il n'est pas vain de vouloir penser. Le lecteur trouvera ainsi, à partir de quelques grandes interrogations – qui sont des interrogations universelles –, quelques repères qui lui permettront de comprendre pourquoi la pensée nous aide à être, à croire, à connaître, à agir et, enfin, à vivre en nous ouvrant des horizons insoupçonnés.

Pourquoi s'interroger ?

Faut-il penser pour vivre ? Certainement. À condition, bien sûr, d'éviter les pensées qui pensent mal parce qu'elles pensent trop.

Quand la pensée pense trop !

Quand on parle de la pensée, ne nous le cachons pas, celle-ci fait peur.

Quatre images sont accolées à la pensée. La première, plutôt sympathique, consiste à assimiler la pensée à un rêve. Le penseur apparaît comme un rêveur qui a de belles idées*, souvent irréalisables. La seconde image est, elle, déjà moins rassurante. En effet, penser est parfois assimilé au fait de trop penser et trop penser au fait de s'en faire. De se torturer. Pour rien. Pour tout. « *Arrête d'y penser* » dit-on à celui qui a un souci. Et « *tu verras, cela ira déjà mieux* ». D'où cette idée communément partagée : le bonheur* appartient à ceux qui ne s'en font pas. Et donc à ceux qui ne pensent pas. Troisième image rattachée à la seconde : attention à la pensée ! Du souci qui se torture, il n'est pas rare que l'on glisse vers la violence qui torture. Pour preuve, le délire d'interprétation. S'il est vrai qu'il est intelligent de se hisser au deuxième degré des choses, des discours et des événements en cherchant à y déceler leur caractère symbolique, encore convient-il de le faire avec sagesse. Car à trop vouloir découvrir des intentions partout, on risque fort de mal interpréter. Et, en particulier, de soupçonner des arrière-pensées, et donc du mal, là où il n'y en a pas. Trop analyser quelqu'un n'est-ce pas quelque peu le violer ? Ce qui explique ce sage conseil : il faut savoir ne pas trop interpréter.

La dernière image accolée à la pensée est, elle, carrément philosophique. Ainsi, penser, c'est souvent se représenter les choses en tentant de s'en faire une image. Si se représenter les choses permet d'en devenir

« La nature n'amène pas l'intelligence à la conscience. Seul l'homme est en mesure de pratiquer ce redoublement qui fait que l'universel devient l'universel. Ce qui apparaît lorsque celui-ci dit "Moi". Quand, en effet, je dis "Moi", je vise bien sûr l'être singulier que je suis. Mais dire "Moi" va au-delà. Car dire "Moi", c'est viser à travers Moi, un contenu universel. C'est parler de Moi afin de parler du monde qui est en moi. Dire Moi, c'est donc pour l'homme vivre. Et vivre en tant que pensée. L'animal vit, certes. Mais, il ne peut pas dire Moi. C'est ce qui le distingue de l'homme. Aussi l'homme est-il en tant qu'homme, parce qu'il est pensée. »
Hegel, *Encyclopédie des sciences philosophiques.*

conscient, se faire une image des choses c'est aussi une façon de s'en écarter en réduisant celles-ci, comme si on en avait fait le tour. On le sait, il est plus facile de parler sur la vérité* que d'être vrai. C'est la raison pour laquelle beaucoup de philosophes – et en particulier des philosophes orientaux issus du bouddhisme – ont recommandé d'être, plutôt que de penser.

Quand la pensée fait vivre

Toutes ces pensées ne sont pas sans fondement. Est-ce une raison pour ne pas s'interroger et penser? Au contraire. Si, en effet, ceux qui formulent de telles critiques n'avaient pas pensé, ils n'auraient jamais pu formuler de telles critiques. En outre, si ces critiques de la pensée nous touchent, c'est qu'elles nous font mieux vivre en pensant à nous faire vivre. Signe que la vie que l'on oppose à la pensée n'est pas une vie sans pensée, mais une pensée de la vie. Il faut donc se rendre à cette évidence: les critiques de la pensée qui se font au nom de la vie, sont la meilleure démonstration qu'il y a un lien entre la pensée et la vie. Aussi n'est-il pas vain de penser. Car la pensée est deux fois utile.

Elle est utile une première fois pour faire vivre la vie. Se la représenter. En prendre conscience. La faire vivre de l'intérieur.

Elle est utile une seconde fois, pour faire vivre ce même intérieur. L'extérioriser. Le rendre réel. La pensée n'est donc que la vie réfléchie. Si bien qu'on peut l'affirmer: penser, c'est vivre en faisant naître la vie par un retour à la vie.

Penser et vivre sont liés. Car penser, c'est faire vivre la vie en intériorisant celle-ci et en rendant cette intériorisation vivante.

D'où vient-on ?

Difficile de penser notre origine. Mais peut-on sérieusement penser qu'un univers aussi intelligent que le nôtre soit l'effet du hasard ?

Une question pleine de pièges

D'où vient-on ? Vraie question ? Fausse question ? À première vue, a-t-on envie de répondre fausse question ? Car qui sommes-nous pour répondre ?
Le monde nous englobe. Nous ne l'englobons pas. Comment, dans ces conditions, pouvoir prétendre en saisir l'origine ? Celle-ci ne nous échappe-t-elle pas ? En outre, admettons que l'univers ait une origine, cette origine quelle est son origine ? N'est-ce pas reculer le problème que de donner au monde une origine, elle-même sans origine ? Enfin, est-il si important que cela de connaître l'origine des choses pour vivre ? L'important n'est-il pas que nous, nous devenions l'origine de quelque chose ?

« Ce n'est pas de l'espace que je dois chercher ma dignité, mais du règlement de ma pensée. Je n'aurai point d'avantage en possédant des terres. Par l'espace l'univers me comprend et m'engloutit comme un point : par la pensée je le comprends. »
Blaise Pascal, *Pensées*.

Le paradoxe du singe dactylographe

Soit. Il n'est pas facile de répondre. Mais il est encore plus difficile de ne pas le faire. Car, envisageons un moment les choses à l'inverse. Peut-on vraiment se satisfaire de l'idée* que le monde est né d'un accident ? Avouons-le, si c'était le cas, un hasard capable de produire un aussi beau résultat, quel hasard !
Quel miracle !

Autre façon de souligner une chose simple, quand un hasard a des effets géniaux, cela ne peut pas être tout à fait du hasard. Sauf à penser que l'on est génial par hasard. Ce qui n'est pas génial. Des savants très sérieux ont avancé qu'il était improbable que Dieu* existe, mais encore plus improbable qu'il n'existe pas. Car supposer que l'univers ait pu surgir du hasard reviendrait à soutenir qu'un singe en tapant au hasard sur une machine à écrire pourrait écrire *La Divine Comédie* de Dante (1265-1321). Ce qui est effectivement hautement improbable. En outre, toutes les objections que l'on avance contre l'appréhension de l'origine du monde sont bien fragiles. Car si par l'espace l'univers me comprend, par la conscience n'est-ce pas moi qui le comprend, comme l'a fait remarquer Pascal (1623-1662) ? N'est-il pas erroné, dans ces conditions, d'opposer l'espace à la conscience en déclarant l'espace supérieur à la conscience ?
Aristote (384-322 av. J.-C.) a rappelé qu'il n'est pas irrationnel de supposer une cause première intelligente. Car admettons que derrière toute cause il y ait une cause et ceci à l'infini, le monde serait sans cause à force d'avoir une cause infinie. Et, du coup, on ne serait pas en mesure de s'expliquer pourquoi il y a des causes, de l'ordre, et donc de l'intelligence dans le monde. Ce qui nous ramène au paradoxe du singe dactylographe. Difficile de faire procéder l'intelligence du vide et la lumière de l'obscurité. C'est donc Pascal qui a raison. Quand on pense à notre origine, impossible de ne pas être pris de vertige. Comme quand on contemple la voûte céleste un soir d'été. Mais au lieu d'avoir peur on devrait se réjouir. N'est-ce pas là le signe qu'il y a une cause extraordinaire à l'origine du monde et non une absence de cause ? Et le fait que ce soit notre conscience qui découvre cette cause extraordinaire n'est-il pas le signe que cette cause est intelligente ? Au cours de la vie il nous arrive de sentir qu'il n'y a pas de hasard. N'est-ce pas là la façon dont l'extraordinaire nous parle ?

« Un commencement c'est autre chose qu'une origine. Le commencement est historique et procure aux successeurs une quantité croissante de données fournies par le travail intellectuel déjà accompli. Tandis que l'origine c'est la source d'où jaillit constamment l'impulsion à philosopher. C'est par elle qu'une philosophie devient quelque chose d'essentiel. Par elle que l'on comprend les philosophies du passé. »
Karl Jaspers, *Introduction à la philosophie.*

C'est l'esprit qui comprend le monde et non l'inverse. Notre conscience nous l'apprend quand elle découvre qu'il y a quelque chose qui nous dépasse dans l'univers.

Où va-t-on ?

Difficile de se faire devin et de dire où l'on va. Mais peut-on dire que la vie fait n'importe quoi et se dirige au hasard ?

Pitié, pas de Pythie !

Où allons-nous ? Là encore, vraie question ? Fausse question ? Il est certain qu'il importe d'être prudent avant de répondre. Car nous ne sommes que des hommes*. Que savons-nous des plans cachés de la Nature et de l'Histoire ? Sommes-nous dans le secret des dieux ? Non. Alors, pourquoi jouer aux devins et prétendre prédire ce qui doit advenir et ce que veulent ou ne veulent pas la Nature et l'Histoire ? Lucrèce (vers 96-55 av. J.-C.) dans l'Antiquité, Spinoza (1632-1677) pour les modernes ont, tout au long de leur philosophie, enseigné à oublier la finalité*.

En outre, la finalité est dangereuse. Car elle conduit, tôt ou tard, à croire au destin. À imaginer, donc, qu'il y a une volonté obscure dans les choses qui veut que celles-ci arrivent comme elles arrivent. Ce qui est terriblement égocentrique. Si, en effet, quelqu'un reçoit un pot de fleurs sur la tête, cela veut-il dire que le destin a voulu sa mort ? Et si le pot de fleurs tombe à côté de lui, cela veut-il dire que le destin a voulu l'épargner ? La vie s'intéresse-t-elle à ce point à nous qu'elle cherche à nous nuire ou à nous épargner ?

Comment ne pas apercevoir qu'avec ce type de raisonnement on risque de tout justifier sans rien expliquer au fond, par le simple fait de dire qu'il fallait que les choses arrivent comme elles arrivent?
Enfin, on imagine souvent que les choses ont un sens* parce qu'elles ont un but. Or, ainsi que l'a souligné Bergson (1859-1941), c'est là une erreur. Car si tout est planifié d'avance, pourquoi vivre? Quel intérêt d'aller quelque part si tout est déjà connu? Si la vie avait obéi à un plan, y aurait-il eu la vie?
La vie n'est-elle pas la vie parce qu'elle est création et ouverture à l'inconnu?

Quand la vie veut la vie

Tout cela est vrai. Mais méfions-nous d'un excès contraire. La nature a beau ne pas suivre une finalité humaine, elle ne fait pas n'importe quoi non plus. Lucrèce et Spinoza, qui ont critiqué la finalité, l'ont fait pour montrer que la vie veut la vie, et non pour ne rien enseigner du tout. En ce sens, la réalité n'est pas muette. Il n'est dès lors pas faux de dire, comme l'a fait Karl Jaspers (1883-1969), que la vie parle à chacun de nous de l'intérieur, pour nous guider et nous conduire vers la vie et la liberté*. Et ce afin de faire des choses profondes, nécessaires, utiles, essentielles. Et non des choses superficielles, vaines et hasardeuses. Si on vit de façon nécessaire, profonde, à coup sûr on fera attention. Et, faisant attention, on évitera de marcher n'importe où et n'importe comment dans la rue. Au risque de recevoir un pot de fleurs sur la tête. Si, au contraire, on vit de façon superficielle, il y a de fortes chances que, ne prêtant nulle attention à la vie, un accident nous arrive. En fait, si la vie n'a pas de plan, c'est que son plan est la liberté, la création, l'intelligence. C'est ce qu'a voulu dire Bergson en parlant d'évolution créatrice. Entre le fait de tout planifier et de errer, la vie a pour plan de ne pas avoir de plan, afin que l'homme puisse apprendre à marcher seul et à manifester ainsi la beauté* de la liberté dans l'univers.

« Dans l'absolu, nous croyons sentir que Dieu nous conduit. Mais comment cela est-il possible si Dieu n'est pas là comme réalité tangible, s'il n'est nullement présent de façon univoque en tant que Dieu? Si Dieu guide l'homme, comment l'homme perçoit-il ce que Dieu veut? Y a-t-il une rencontre de l'homme avec Dieu? Comment se produit-elle?
Il n'y a qu'une seule façon d'être conduit par Dieu, et ce chemin passe par la liberté elle-même. La voix de Dieu se fait entendre par ce qui se révèle à l'être humain individuel lorsqu'il s'assure de lui-même en s'ouvrant à tout ce qui vient à lui, du fond de la tradition et du monde ambiant. »
Karl Jaspers, *Introduction à la philosophie.*

La vie a comme plan de ne pas tout planifier, afin que l'homme puisse apprendre à marcher seul et, ainsi, à devenir libre.

La vie a-t-elle un sens ?

Parfois, il n'est pas facile de donner un sens à la vie. Mais, est-ce parce que celle-ci ne va pas dans notre sens qu'elle n'a pas de sens ?

« Les grandes âmes ont des raisonnements si forts et si puissants que, bien qu'elles aient aussi des passions et même souvent de plus violentes que celles du commun, leur raison demeure toujours la maîtresse et fait que les afflictions même leur servent, et contribuent à la parfaite félicité de leur vie… Ainsi ressentant de la douleur dans leur corps, elles s'exercent à la supporter patiemment, et cette épreuve qu'elles font de leur force leur est agréable… On peut se rendre l'esprit tranquille en s'étudiant à considérer tous les avantages d'une chose que l'on avait prise pour un grand malheur. Car il n'y a point d'événements si funestes ni si absolument mauvais au jugement du peuple, qu'une personne d'esprit ne les puisse regarder de quelque biais qu'ils lui paraîtront favorables. »
René Descartes, lettre à la reine Élisabeth du 18 mai 1645.

Quant l'horizon s'assombrit

Pourquoi vivre? Cette question jaillit quand, parfois, la vie ne répond pas à nos attentes. Vivre, en effet, qu'est-ce sinon attendre de la vie liberté*, vérité* et humanité? Or, il arrive que nous ne nous sentions plus libres parce que la vie devient un obstacle et un poids du fait de la maladie, de la perte d'êtres chers, de la violence, de l'injustice ou d'impasses laissant l'existence sans issue. Il arrive que nous ne sentions plus la vérité des choses, parce que autour de nous nous constatons qu'il y a du mensonge, de l'inauthenticité ou de la comédie. Bref, il arrive aussi que nous ayons une impression de déshumanisation, parce que nous nous heurtons à une existence sans liberté et sans vérité. D'où cette question tenaillante: la vie a-t-elle un sens* ?

Quand l'horizon s'éclaircit

Il est impossible de ne pas être sensible à de telles interrogations. Comme il est impossible de ne pas redresser quelques erreurs. Car, quand tout va dans notre sens, avons-nous un sentiment d'absurdité? Non. Au contraire! Nous conférons volontiers à la vie une certaine beauté*, voire un certain génie. D'où l'urgence de se méfier de nos réactions et de ne pas juger trop vite. Ainsi, s'il y a des hommes* qui mentent et qui jouent la comédie, la vie n'est pas pour autant une comédie. Tous les jours, constatant le mensonge, des hommes s'engagent dans une lutte pour la vérité. Leur conscience face à la comédie du monde n'indique-t-elle pas qu'il est possible de sortir de cette comédie? De même, si la vie est parfois tragique et sombre, toute vie n'est pas tragique et sombre. Tous les jours, face aux tragédies existantes, des hommes s'engagent avec cœur pour venir au secours de ceux qui souffrent. Leur cœur face aux tragédies qui traversent la vie n'est-il pas une lumière dans la nuit? D'une façon générale, si la vie est parfois déshumanisée, toute vie n'est pas déshumanisée. Tous les jours, confrontés à la déshumanisation, des hommes s'engagent en opposant leur conscience, leur cœur et leur humanité à l'absence de vérité, de liberté et d'humanité. Cet engagement n'est-il pas le signe que la vie n'est pas si dépourvue de sens que cela puisque l'homme peut faire vivre de la conscience, du cœur et de l'humanité dans une vie qui ne va pas forcément dans son sens?

On a tendance à l'oublier, dans la vie, il y a la vie. Il y a les hommes. Et puis, il y a l'homme. L'homme est la capacité extraordinaire de la vie. Car il est capable de faire vivre la vie autrement. Par sa conscience. Par son cœur. Par son humanité. On devrait toujours avoir à l'esprit que c'est l'homme qui confère un sens à la vie. Et non la vie qui confère un sens à l'homme. Or, on a tendance à le perdre de vue. Par passivité. Parce que nous attendons que la vie extérieure donne du sens à notre vie au lieu de nous-mêmes donner un sens à la vie extérieure. Si bien que c'est notre absence dans la vie que nous finissons par prendre pour une absence de vie dans la vie. La vie humaine n'a pas de sens sans l'homme. Elle n'a de sens que par l'homme. Elle est donc pleine de sens, pour peu qu'on lui fasse face. En toute conscience. Avec cœur. En toute humanité.

La vie a un sens qui ne doit pas être pris de façon extérieure mais intérieure. Le sens de la vie, c'est la vie avec l'homme et par l'homme. Et non un sens donné sans l'homme.

Suis-je mon corps ?

Je ne peux sans doute pas m'identifier à mon corps sans en devenir l'esclave. Mais puis-je pour autant en faire abstraction* ?

« L'âme, c'est ce qui refuse le corps. Par exemple, ce qui refuse de fuir quand le corps tremble, ce qui refuse de frapper quand le corps s'irrite, ce qui refuse de boire quand le corps a soif, ce qui refuse de prendre quand le corps désire, ce qui refuse d'abandonner quand le corps a horreur… Qui cède absolument à son corps, soit pour frapper, soit pour fuir, soit seulement pour parler, ne sait plus ce qu'il dit. On ne prend conscience que par opposition de soi à soi. »
Alain, *Propos*.

L'homme : entre nature et liberté

L'homme* occupe une place à part dans la nature. Car, de par sa conscience n'est-il pas celui qui est en mesure de se dégager de cette même nature? Après Aristote (384-322 av. J.-C.), Hegel (1770-1831) a souligné qu'avec l'homme, la vie passe à un autre niveau puisque, dans la nature, l'homme n'est pas simplement un être déterminé. Il est aussi un être déterminant. Il n'est donc pas uniquement celui que la nature conditionne. Il est aussi celui qui conditionne la nature. Kant (1724-1804) a bien résumé ce double caractère de l'homme en faisant remarquer que celui-ci est à cheval sur la nature et sur la liberté*. Concrètement, cette double appartenance pose de façon inédite la question de son identité. Car à la question « Qui suis-je ? », il est impossible de répondre d'une façon simple sans être réducteur.

Entre corps et esprit

Ainsi, j'ai un corps. Certes. Mais suis-je mon corps? Puis-je purement et simplement m'identifier à mon organisme biologique? Non. Je suis parce que je résiste à mon corps en ne me contentant pas de le suivre. D'en être esclave. De vivre pour lui. Quand quelqu'un ne fait que boire, manger, dormir, n'avons-nous pas le réflexe de lui dire qu'il régresse? Qu'il se laisse aller dans la matière alors que l'homme est quand même fait pour autre chose que pour consommer? Quand, en outre, quelqu'un s'intéresse trop à son corps, ne réagissons-nous pas en voyant là une attitude bien superficielle? N'est-ce pas vivre pour les apparences que de ne vivre que pour son corps? Faut-il pour cela nier le corps? Le détruire? Certains l'ont cru, en

« Personne n'a déterminé jusqu'à présent ce que peut le corps. »
Spinoza, *Éthique*.

voyant dans le corps la source de tous nos maux. Ce qui est une grave erreur. Car le corps est le support de notre individualité vivante. Ce qui fait de nous un être de chair et de sang. Un être réel donc. Vivant. Et non abstrait. S'il y a un danger à être l'esclave de son corps, il y a un danger à vivre de façon désincarnée : celui de perdre toute humanité. Manger, boire, dormir, s'habiller, c'est aimer la vie. C'est aussi pratiquer des actes symboliques en participant à un langage. À une culture pleine d'humanité. Ne mange-t-on pas des mots et ne boit-on pas des paroles, en même temps que l'on mange et que l'on boit ? Notre travail sur terre n'est-il pas de vivre ? Et de vivre pleinement ? N'est-ce pas vivre pleinement que de vraiment manger quand on mange et de vraiment boire quand on boit en allant de la vie au langage de la vie ? Il faut donc revenir sur le corps, en ne passant pas d'un excès à un autre. Et ce, en s'apercevant que le problème n'est pas tant d'être pour ou contre lui, que de construire un rapport au sens*. L'homme est, à l'évidence, un homme parce qu'il ne se confond pas avec son corps en prenant du recul avec celui-ci grâce à sa conscience. Mais il est une conscience réelle parce qu'il est une conscience vivante, incarnée, ayant pris « corps » dans la vie. Tout comme il y a quelque chose de vivant dans l'esprit, il y a quelque chose de spirituel dans le corps. De sorte que, si l'esprit est l'avenir du corps, l'inverse est vrai. Le corps est l'avenir de l'esprit.

L'homme prend forme par son esprit, mais aussi par son corps. Il y a dans le corps un aspect spirituel qui renvoie à l'aspect inconnu de l'homme.

Ai-je une âme ?

Il est devenu clair que l'on ne peut pas penser sans cerveau. Peut-on pour autant réduire la conscience humaine à un simple mécanisme cérébral ?

De la pensée au cerveau

S'il convient de ne pas être réducteur en ce qui concerne le corps (*voir* pp. 12-13), il en va de même avec l'âme*.

Que l'homme* possède une conscience, nul ne saurait en douter. Mais les avis commencent à diverger dès lors que l'on commence à s'interroger sur sa nature. Peut-on en effet penser la conscience de l'homme indépendamment du corps et dans le corps peut-on penser l'âme indépendamment du cerveau ? Bien évidemment, non.

Nous savons aujourd'hui que le cerveau est cet organe supérieur, récepteur de toutes les informations extérieures et qu'il est aussi un organe supérieur diffuseur de toutes sortes d'informations. Ainsi que l'a souligné Bergson (1859-1941), celui-ci est l'organe de l'adaptation à la réalité permettant de s'accrocher à celle-ci. Autrement dit, il est l'organe de l'intelligence, celle-ci se caractérisant par une faculté d'adaptation. Et ce, grâce aux opérations de transformation des messages chimiques en impulsions électriques, opérées par les synapses – ces petits filaments que l'on trouve dans les cellules du cerveau (les neurones) – qui réceptionnent les impressions sensibles avant de renvoyer des messages. Peut-on pour autant réduire la pensée au cerveau ? Cela n'est pas possible. Car on ne pense pas uniquement parce que l'on a un cerveau.

Du cerveau à la pensée

On pense, en effet, parce qu'on veut penser en s'engageant de toute sa personne dans sa vie. Et ce, d'abord en réagissant au monde extérieur au lieu de se laisser passivement diriger par celui-ci. Ensuite, en agissant dans le monde au lieu de se contenter du monde déjà là, à savoir le monde de la nature.

L'homme transforme la nature. Il transforme son corps. Il ne se résout pas à vivre dans la nature et à avoir un corps. D'où l'erreur de croire que l'on pense parce que l'on a un cerveau.

On pense parce que l'on vit son cerveau et non parce que l'on a un cerveau. Certes, si l'homme n'était pas un être incarné dans un corps et un cerveau, il ne serait pas un homme réel et vivant.

Mais s'il ne vivait pas son corps et son cerveau en se dégageant de la nature et du corps donnés afin d'accéder à une nature et un corps vivants, il ne serait pas un homme vivant non plus.

Il ne faut donc pas seulement dire que la conscience est dans le cerveau.

Il faut aussi dire que le cerveau est dans la conscience. Ce que Spinoza (1632-1677) a bien résumé en disant que l'âme est l'idée* du corps.

L'âme, en effet, est là où se trouve le corps et non ailleurs. Tant il est vrai que l'âme est cet acte de la personne tout entière consistant à donner de la vie à la vie en étant présent à la vie.

Mais l'âme qui est présence à la vie n'est une âme que parce qu'elle n'est pas le corps, mais idée du corps. Distance donc née de la réflexion. Il faut s'adapter à la vie.

Et le corps nous le permet par le cerveau qui est l'organe de l'adaptation. Mais il faut que cette adaptation ait du sens*.

Et cela, seule l'âme nous le permet en nous donnant une liberté* à l'égard de l'adaptation.

Si bien que si l'âme est dans le corps, c'est parce que le corps est dans l'âme.

« L'immortalité de l'âme est une chose qui nous importe si fort, qui nous touche si profondément, qu'il faut avoir perdu tout sentiment pour être dans l'indifférence de savoir ce qui en est. Toutes nos actions et nos pensées doivent prendre des routes si différentes selon qu'il y a des biens éternels à espérer ou non, qu'il est impossible de faire une démarche avec sens et jugement, qu'en les réglant par la vue de ce point, qui doit être notre dernier objet. »
Blaise Pascal, *Pensées*.

Si le corps et le cerveau donnent vie à l'âme en l'incarnant, l'âme donne vie au corps et au cerveau en leur donnant du sens.

L'au-delà existe-t-il ?

Il faut poser la question de la mort, sans pour autant se laisser dévorer et mettre en question par une telle interrogation.

La mort : entre obsession et refoulement

La mort est sans conteste la grande énigme à laquelle l'humanité a à se confronter. Or, face à celle-ci, il existe deux tentations. La première est d'être obsédé par la mort, comme le furent les Égyptiens qui vécurent presque exclusivement pour l'au-delà.

La seconde est de refouler la mort, comme a tendance à le faire le monde moderne qui ne vit, bien souvent, que pour la vie ici-bas.

En fait, il s'agit là de deux excès conduisant à déshumaniser la mort comme la vie. Car s'il est vrai que la mort fait partie de la vie et que dans la vie l'homme* est programmé pour laisser sa place aux autres afin de favoriser la transmission d'une vie renouvelée et rajeunie, la mort est aussi un drame qui, à travers l'usure provoquée par l'existence, un accident, de la violence, nous prive de ceux que nous aimons. D'où la nécessité de ne pas mélanger toutes les morts en rappelant le caractère tragique de la mort.

Cela dit, s'il importe de rappeler que l'homme est fait pour vivre et non pour mourir, encore faut-il voir que vivre ce n'est pas vivre pour vivre en s'enivrant de vie et en vivant à n'importe quel prix, mais, au contraire, se délivrer d'un trop grand attachement au monde.

Et, surtout, délivrer la vie à l'égard d'elle-même, en plaçant au-dessus de la vie une valeur ou un sens*.

« Nous sentons et nous savons par expérience que nous sommes éternels. Car l'âme ne sent pas moins ces choses qu'elle conçoit par un acte de l'entendement que celles qu'elle a en mémoire. »
Spinoza, *Éthique.*

La mort n'est pas une chose

Ce n'est pas, en effet, la mort comme chose qui donne du sens à la vie ou la vie comme chose qui donne du sens à la mort; mais l'homme comme pensée qui donne du sens à la vie comme à la mort. Ainsi, c'est parce que l'homme réagit moralement que la mort apparaît tragique ou scandaleuse. Et c'est parce qu'il réagit encore moralement qu'une certaine façon de vivre apparaît comme absurde. Autrement dit, c'est parce que l'homme est liberté*, qu'il est amené à se détacher de la mort comme de la vie, sans qu'il y ait là l'ombre d'une contradiction, la liberté poussant l'homme à aller de la mort à la vie et de la vie à la liberté à l'égard de la vie.

Avouons-le, nous manquons souvent d'une telle liberté à l'égard de la mort comme à l'égard de la vie. D'où l'erreur que nous commettons en conférant à la mort la valeur d'un salut, ou bien en allant chercher un salut dans la vie. Si dans un cas, il s'agit d'un délire morbide, dans un autre il s'agit d'une angoisse pathologique. Lorsque, cependant, nous sommes assez sages pour ne pas jouer avec la mort comme avec la vie en plongeant dans la morbidité ou l'angoisse, nous devenons libres à l'égard de la mort comme de la vie. Et, devenant ainsi libres, nous faisons monter une grande espérance. Car si l'homme qui est soumis dans sa condition à la vie comme à la mort peut se détacher de celles-ci, n'est-ce pas le signe qu'un au-delà existe? Le dépassement de la vie et de la mort en nous serait-il possible s'il n'y avait pas hors de nous quelque chose qui dépasse effectivement la vie et la mort? La vie et la mort sont des énigmes pour ceux qui ne les vivent que de l'extérieur.

Mais vivons-les de l'intérieur et soudain, dans la liberté, nous voyons naître la grande liberté de la vie qui nous aide à ne pas désespérer de la mort.

L'au-delà n'est pas tant un espace qu'une expression de la liberté qui a pour caractère de dépasser la peur de la mort.

Dieu existe-t-il ?

Poser l'existence d'un Dieu afin de s'expliquer le monde n'est pas forcément convaincant. Mais peut-on pour autant conclure qu'un hasard aveugle est à la source de ce qui existe ?

Le Dieu des savants

Dès lors qu'il est question de Dieu*, on a affaire, comme on dit, à ceux qui y croient et à ceux qui n'y croient pas. Ceux qui y croient déclarent y croire parce que, comme ils disent : « *Il doit bien y avoir quelque chose. Tout cela n'a pas pu naître d'un hasard.* » Quant à ceux qui n'y croient pas, ils déclarent ne pas y croire parce que, disent-ils : « *Expliquer le monde par Dieu, c'est bien. Mais, cette cause où est sa cause ? N'est-ce pas arbitraire d'appeler Dieu la cause première ?* »
Ces deux attitudes vis-à-vis de Dieu ont autant tort que raison. Poser, en effet, qu'il existe une cause première à tout ce qui existe et l'appeler Dieu n'est nullement absurde. Aristote (384-322 av. J.-C.), au cours de l'Antiquité, a rappelé que l'absurde serait, au contraire, de ne supposer aucune cause. Car, comment penser qu'un monde intelligent et organisé ait pu naître du hasard de causes aveugles ? N'est-ce pas réduire le supérieur à l'inférieur et faire découler la lumière de l'obscurité ? En outre, parler de cause première n'a rien d'arbitraire. Une cause ne suppose-t-elle pas une cause première pour être une cause ? Si cette cause avait une cause qui elle-même avait une cause, c'est alors que l'on serait dans l'arbitraire, les causes à l'infini revenant à la même chose qu'à l'absence de cause. Cela dit, s'il y a du sens* à penser que ce qui est provient de l'être et non du néant, peut-on faire de Dieu un objet comme un autre ? Le sceptique n'a-t-il pas raison de dire que si Dieu existait au même titre que tout ce qui existe, on pourrait en faire l'expérience* ?

« *S'agissant de l'idée d'un être plus parfait que le mien, c'était là chose impossible ; et parce qu'il n'y a pas moins de répugnance que le plus parfait soit une suite et une dépendance du moins parfait, qu'il n'y a que de rien procède quelque chose, je ne la pouvais non plus tenir de moi-même. De façon qu'il restait que cette idée eût été mise en moi par une nature qui fut plus parfaite et qui fut, en un mot, Dieu.* »
René Descartes, *Discours de la méthode.*

Aussi convient-il de modérer la position de ceux qui affirment l'existence de Dieu. Si poser Dieu a du sens, Dieu n'est pas un objet comme un autre. Lui qui mesure les choses est sans mesure. Il convient donc de passer à un autre ordre comme l'a rappelé Pascal (1623-1662).
Quant au sceptique qui doute de Dieu, il a raison de rappeler que dans le monde rien de ce qui est du monde n'est Dieu. Mais pourquoi s'arrêter là ? Si rien du monde n'est Dieu, n'est-ce pas le signe que Dieu est d'un autre ordre ? N'est-ce pas dès lors Pascal qui a raison ? S'agissant de Dieu, on a tendance ou bien à faire de lui la cause du monde ou bien à le nier en refusant que le monde ait une cause. N'est-ce pas se situer là sur un plan uniquement physique ? Ce Dieu que l'on affirme ou que l'on nie ainsi, n'est-il pas le Dieu des savants et des physiciens ? Et s'il existait un autre Dieu ? Un Dieu caché ?

L'autre face de Dieu

Le monde n'a certainement pas pu jaillir de rien. Mais ce qui l'a fait jaillir est certainement d'un autre ordre. Aussi, comme l'a montré Pascal, importe-t-il de changer d'ordre. Comment ? En s'élevant de l'ordinaire à l'extraordinaire. Dieu, s'il est, ne peut être qu'extraordinaire. Nous avons tendance à l'oublier. C'est pour cela que nos discussions tournent court. D'où, de ce point de vue, la pertinence de la vision religieuse de Dieu. Car si Dieu est extraordinaire n'est-ce pas extraordinairement que l'on rencontre Dieu ?
Et si nous ne comprenions rien à Dieu, parce que nous avons une vision trop intellectuelle et trop peu religieuse de celui-ci ?

Affirmer ou nier Dieu comme on le fait est souvent le fait d'une discussion savante qui oublie que Dieu comme tout ce qui est divin relève d'un autre ordre, dont la religion témoigne par ses rites.

La foi est-elle irrationnelle ?

La philosophie a toujours critiqué la croyance. Et elle a raison. Mais, peut-on réduire la foi à la croyance ?

Les illusions de la croyance

Dans l'ordre du fait religieux, on a affaire au plan divin qui dépasse complètement l'homme. De ce fait, avoir une pratique religieuse c'est nécessairement donner son adhésion à quelque chose qu'on ne peut pas comprendre puisque cela dépasse l'homme… En quoi on peut s'interroger. N'est-ce pas dangereux ? Ne risque-t-on pas en agissant ainsi de s'aveugler et de régresser, en renonçant à son esprit critique ? Dès son origine, avec Platon (427-347 av. J.-C.), la philosophie s'est élevée contre la croyance en enseignant à ne pas donner inconsidérément son adhésion à ce qui se dit ici et là. Car le plus souvent, quand on croit au lieu de juger, c'est aux apparences – et derrière elles, aux préjugés – que l'on adhère. Le terme de croyance est, à cet égard, révélateur. Croire, en effet, n'est-ce pas supposer quelque chose, mais aussi s'illusionner ? La croyance n'est-elle pas de ce fait une supposition illusoire mais confortable, destinée à se sécuriser ? On comprend dans ces conditions que les philosophes aient incité les hommes à pratiquer un exercice de lucidité en renonçant à croire afin de penser. Cela dit, il y a croire et croire et il est significatif que le langage parle de foi* et pas simplement de croyance dès lors qu'il s'agit du fait religieux. Car n'est-ce pas là l'indice qu'il y a une façon de croire qui ne relève pas de l'imaginaire ?

« C'est le cœur qui sent Dieu et non la raison. Voilà ce que c'est que la foi. Dieu sensible au cœur, non à la raison. »
Blaise Pascal, *Pensées.*

Le sens de la foi

Ne l'oublions pas, s'il est vrai qu'il y a une façon de croire qui correspond à un besoin de se rassurer, il y a aussi une façon de croire qui renvoie à un risque.

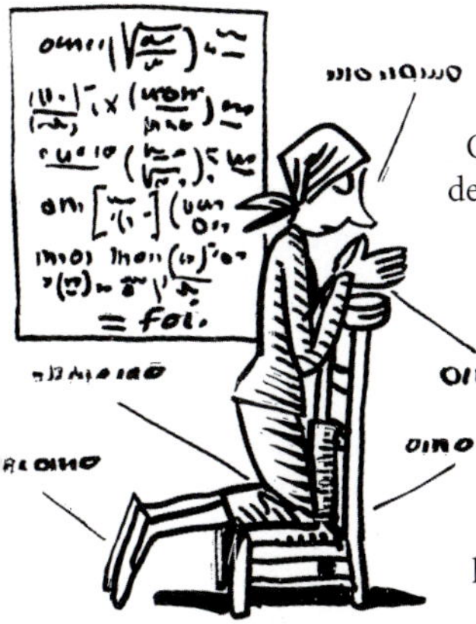

Celui, en l'occurrence, de faire confiance à la vie, à l'avenir et aux autres. Ce qui a pour conséquence d'ouvrir l'existence à la possibilité de la vie, de l'avenir et des autres. En ce sens*, la foi est fondamentale. Car, plus de foi, plus de vie possible. Imaginons un monde où on douterait et où l'on se méfierait de tout parce que l'on ne croirait plus ni dans la vie, ni dans les hommes, ni dans l'avenir, la vie deviendrait tout simplement impossible. Pire, la méfiance appelant la méfiance, nous aurions vite des raisons d'être totalement désespérés. En outre, s'il est vrai que la prudence implique de savoir où l'on va dans la vie, on ne peut pas toujours tout savoir avant de prendre des décisions. Il faut parfois décider avant de savoir. Faute de quoi on ne fait plus rien, quand on ne tue pas purement et simplement l'action de la vie. Témoin l'amour, où aimer passe par un certain risque et non par le fait de posséder toutes les garanties pour aimer, avant d'aimer.

On comprend donc que saint Augustin (354-430) ait pu dire que la foi illumine l'intelligence. Pour comprendre la vie, ne faut-il pas d'abord prendre le risque de vivre ? Sören Kierkegaard (1813-1855), le grand philosophe danois, pensait que vivre passait par un saut dans la vie. Car pour vivre, la seule méthode est de vivre.

Il pensait, de ce fait, que Dieu*, qui incarne l'infinité et le mystère de la vie, ne se rencontre qu'en se vivant par un saut. D'où le sens de la foi et la cohérence de celle-ci. Il n'est pas, de ce fait, aveugle de vivre avec foi, quand la foi est comprise comme engagement de soi dans la vie.

« Le cœur a ses raisons que la raison ne connaît pas. On le sait en mille choses.
Je dis que le cœur aime l'être universel naturellement et soi-même naturellement, selon qu'il s'y adonne, et il se durcit contre l'un et l'autre à son choix. Est-ce par raison que l'on aime ? »
Blaise Pascal, *Pensées*.

Si vivre dans la croyance consiste à vivre en fonction d'une supposition imaginaire afin de se rassurer, vivre avec foi consiste à s'ouvrir à l'existence en prenant le risque de l'inconnu.

Le sacré est-il dangereux ?

Sacraliser veut dire se projeter avec violence et passion sur un objet. Mais est-ce là l'unique sens du sacré ?

La violence du sacré

Quand il est question de religion au cours d'une discussion, il n'est pas rare que l'un des interlocuteurs en présence associe la religion à la violence. Ne trouve-t-on pas en effet des rites particulièrement cruels dans certaines religions, tels les sacrifices par exemple ? L'histoire ne nous montre-t-elle pas, par ailleurs, que le domaine religieux a souvent été associé à des guerres ? Enfin, n'assiste-t-on pas parfois au déchaînement de conservatismes religieux ou de révolutions à caractère religieux pouvant mener à des fanatismes particulièrement inquiétants ? Dès lors, comment ne pas conclure, comme cela a été dit par beaucoup de penseurs du XVIIIe siècle – tel Diderot (1713-1784) – que la religion relève de l'obscurantisme, de la superstition et de l'archaïsme de l'humanité ? On aurait raison, effectivement, de le penser, si le domaine religieux ne consistait qu'en un vaste déploiement de violence. Mais est-ce le cas ? Les différentes religions n'ont-elles pas été le creuset de grandes spiritualités qui ont inspiré des vies d'une haute élévation, ainsi que des œuvres profondes ? N'ont-elles pas éveillé un art sacré dont on peut admirer le rayonnement à travers des temples, des églises, des peintures, des sculptures, de la musique ou de la danse ?

« *La tyrannie consiste dans un désir de domination universel et hors de son cadre. Ainsi ces discours sont faux et tyranniques : je suis beau, donc on doit me craindre, je suis fort donc on doit m'aimer…* »
Blaise Pascal, *Pensées*.

L'autre face du sacré

Ernst Cassirer (1874-1945), qui fut un grand philosophe de la culture en Allemagne au début de ce siècle, a distingué le mythe de la religion, en soulignant que le mythe relève de la projection de lui-même que l'homme* pratique sur le monde afin de le ramener à lui. Alors que la religion au contraire invite l'homme à se dépasser en se situant face à un autre plan d'existence. Cette distinction demeure pertinente et permet de rappeler que l'on met à tort, sur le même plan, l'ivresse d'un groupe de supporters de football qui voue un culte à son équipe et le respect devant la transcendance divine qui pousse les hommes à se parfaire. L'idolâtrie, qui est une fusion passionnée et passionnelle de soi-même avec un objet correspondant à des fantasmes, ne saurait être mise sur le même plan que le dépassement de soi vers une réalité autre – la transcendance caractérisant ce dépassement de soi vers un autre plan. Sauf à tout mélanger. Au-delà de cet aspect purement religieux du sacré, il importe de rappeler qu'il y a une dimension morale* de celui-ci. La vie humaine, en effet, ne saurait se construire sans l'idée* qu'il y a dans le monde des choses sacrées que l'on ne saurait violer sans détruire cette vie. Cet inviolable de la vie est lié à tout ce qui fait que la vie a un secret, une innocence et une pureté. Cette part de pureté renvoie, certes, à ce qui ouvre la vie sur le « Ciel ». Mais on la trouve également dans le regard d'un enfant. En quoi on a raison. Car le regard d'un enfant n'est-il pas le ciel sur la terre? Et le ciel qui nous ouvre à une réalité autre ne nous met-il pas en état d'enfance? La vie est vivante de posséder une part d'inviolabilité. Imaginons que demain celle-ci disparaisse, cela voudrait dire que rien n'échappe à la violence et à la domination de l'homme. Le sacré, en ce sens*-là, ne conduit pas à la violence. Il permet d'en sortir.

S'il existe un sacré qui, sous la forme de l'idolâtrie, est l'expression de la violence et de la passion, il y a un sacré sous la forme du respect de l'innocence de la vie, qui délivre de la violence et de la passion.

Y a-t-il une vérité absolue ?

On oppose souvent les vérités au pluriel à la vérité au singulier, en avançant que parler d'une vérité relève du fanatisme. Et si c'était là une dangereuse erreur ?

Halte à la Vérité avec un V

Quand il est question de la vérité*, on entend souvent dire qu'il est orgueilleux de croire posséder la vérité. Comme il est dangereux de parler de « la » vérité, cela conduisant à exclure la pluralité des opinions existantes. Faut-il, dès lors, bannir la vérité et se convertir au relativisme afin d'échapper au fanatisme défendant la vérité ? Rien n'est moins sûr. Considérons le relativisme. Est-il sûr qu'il nous préserve de la violence ? Dire – comme on l'entend souvent – « *à chacun sa vérité* » ne conduit-il pas, qu'on le veuille ou non, à dire que la vérité étant une affaire subjective, il est impossible de s'entendre à son sujet, si bien qu'il convient de renoncer à celle-ci ? Est-ce là un progrès ? Ne risque-t-on pas, en agissant de la sorte, de soutenir que tout est vrai, au risque de faire passer le faux pour le vrai. Ou bien, à l'inverse, que tout est faux, au risque de faire passer le vrai pour le faux ?

> *« La première règle que je résolus de suivre fut de ne jamais recevoir autre chose pour vraie, que je ne la connusse évidemment être telle : c'est-à-dire d'éviter soigneusement la précipitation et la prévention ; et de ne comprendre rien de plus en mes pensées que ce qui se présenterait si clairement et si distinctement à mon esprit, que je n'eusse aucune occasion de le mettre en doute. »*
> René Descartes, *Discours de la méthode.*

La liberté de la vérité

Rappelons-le, si la science a pu émerger, c'est précisément pour avoir su montrer qu'il y a des énoncés valables universellement qui ne sont ni relatifs ni subjectifs. Et si la morale* existe, c'est parce que le fait de dire la vérité est considéré comme une vertu et non comme un geste arbitraire. Ne l'oublions pas, s'il ne s'était pas trouvé des hommes* courageux pour dire la vérité face aux régimes totalitaires, jamais de tels régimes n'auraient été ébranlés.

Enfin, la vérité n'est-elle pas le signe de l'authenticité des choses? N'est-ce pas cette authenticité qui, sous la forme d'une évidence, permet d'échapper au mensonge et à l'artifice? Aussi convient-il de relativiser le relativisme lui-même, qui oublie volontiers de se critiquer lui-même, en se faisant passer pour une vérité absolue. Et, à cet égard, il convient de rappeler que le vrai existe. Pas comme chose, mais comme acte et comme relation.

Comme l'a en effet montré Aristote (384-322 av. J.-C.), le vrai est adéquation entre la pensée et la réalité, correspondance donc entre ce que l'on pense et ce qui existe. Cette correspondance, tout le monde est amené à la rencontrer quand, en écoutant un discours, on se dit soudain: « *C'est cela. C'est juste. Cela correspond tout à fait.* »

Par opposition à ce qui ne correspond à rien, le discours vrai correspond à quelque chose en nous permettant de rencontrer le réel de l'intérieur de la pensée par une représentation pertinente de celui-ci. D'où le côté lumineux de la vérité, puisque ce qui était obscur ou caché est désormais débarrassé de tout obstacle, au point de permettre une libre circulation dans la réalité comme si on était en soi-même. Cela interdit-il la diversité? Nullement. Et même, au contraire. Car rendre ainsi le réel lumineux conduit à donner envie de penser et de faire rebondir sa pensée. Cela ouvre sur l'enrichissement des choses.

On s'exprime donc mal quand on dit que la vérité est relative. Car c'est juger la vérité telle qu'elle a été faite par le passé et non telle qu'elle se fait au présent en étant l'acte d'amener les choses en pleine lumière, et de rendre ainsi la réalité vraie.

À trop relativiser la vérité on finit par douter de celle-ci et par oublier que la vérité n'est pas une chose figée mais l'acte de rendre le monde vrai en l'élevant à la pensée.

Faut-il bannir l'abstraction ?

On critique souvent l'abstraction en voyant en elle la négation du réel. Mais est-il sûr qu'il ne faille pas parfois s'abstraire du réel afin d'avoir du recul à l'égard de celui-ci ?

Le spectre de l'abstraction

L'abstraction* fait peur. Et pour cause. Abstraire ne veut-il pas dire séparer, diviser? On reproche à celui qui est abstrait d'être séparé de la réalité. A-t-on tort? N'y a-t-il pas une sécheresse de l'abstraction? Karl Marx (1818-1883), au XIXe siècle, a critiqué l'abstraction, en voyant en elle le signe d'un monde déshumanisé où les choses gouvernent les hommes*, alors que les hommes devraient gouverner les choses. Il a vu dans l'abstraction le triomphe d'un monde où règne la spéculation, la technique, la froideur du calcul économique ou de la stratégie politique* qui ne tiennent aucun compte des hommes. N'a-t-il pas eu raison? Si l'abstraction règne dans le monde, n'est-ce pas parce que derrière les chiffres règne une loi* de rentabilité implacable? Bien sûr, il faut être rationnel dans l'existence et chercher à améliorer les choses. Mais n'y a-t-il pas une forme de progrès qui est inhumaine parce que règne un intérêt naviguant dans les eaux glacées du calcul égoïste? Tout cela est vrai. Pourtant, l'abstraction ne se réduit pas qu'à ce trait négatif. Elle a une autre face.

« Ces longues chaînes de raisons, toutes simples et faciles, dont les géomètres ont coutume de se servir, pour parvenir à leurs plus difficiles démonstrations, m'avaient donné l'occasion de m'imaginer que toutes les choses qui peuvent tomber sous la connaissance des hommes s'entre-suivent de même façon. »
René Descartes, *Discours de la méthode.*

La face cachée de l'abstraction

Quand, en effet, quelqu'un a une vision comme on dit « terre à terre », qui le conduit à manquer totalement de recul à l'égard d'un événement, ne lui conseille-t-on pas de prendre du recul et de s'abstraire, afin de ne plus se focaliser sur tel ou tel détail? Abstraire, par ailleurs, n'est-ce pas être capable de schématiser les choses en ne retenant que l'essentiel? Et retenir ainsi l'essentiel n'offre-t-il pas la possibilité de pouvoir anticiper les choses et, donc, de mieux agir? Nous souffrons du manque d'abstraction. Et ce, parce que l'abstraction a deux sens*. Le premier est celui d'être une violence liée à la désincarnation des choses. Le second est celui d'être une liberté* liée à leur spiritualisation. Il convient, dès lors, d'être prudent. Nous avons besoin de nous extraire des choses en nous spiritualisant. Au cours de l'Antiquité, Platon (427-347 av. J.-C.), dans le mythe de la caverne, a montré que la vérité* se trouve au-delà du monde sensible dans le monde intelligible. Car, quand l'individu ramène tout à ce qu'il sent, il finit par manquer la réalité en ne retenant du réel que ce qui reflète ses désirs, alors que la réalité recèle toute une richesse bien au-delà de nos désirs. Au cours de la Renaissance, Nicolas de Cuse (1401-1464) a suggéré que l'homme s'abstraie du réel et s'intériorise afin de rencontrer le réel. Car, a-t-il fait remarquer, la nature qui est dirigée par des lois profondes intérieures à elle-même ne se rencontre que de l'intérieur, quand on s'abstrait des choses et que l'on rentre en soi. Aujourd'hui, les mathématiciens soulignent que pour communiquer avec le réel, il faut se dégager de celui-ci afin d'en percevoir les relations. Belle leçon de liberté qui confirme, comme le disait Leibniz (1646-1716), que le plus court chemin vers le concret passe par l'abstrait. Ce que l'art abstrait contemporain ne démentirait pas – n'a-t-il pas redécouvert le côté originaire des choses en passant par l'abstrait?

L'abstrait qui signifie une séparation avec la réalité signifie aussi la distance et le recul, grâce à quoi il devient possible de se représenter cette même réalité.

Peut-on se fier à l'expérience ?

L'expérience se confond souvent avec le vécu personnel de chacun. Mais ne se réduit-elle qu'à cela ?

M. Proust et l'Expérience de la Madeleine.

Les illusions du concret

Si l'on nourrit un certain nombre de préjugés contre l'abstraction* (*voir* pp. 26-27) on nourrit un certain nombre d'illusions concernant l'expérience* et le concret. Car il n'est pas rare qu'on pense rencontrer le réel, non seulement en s'appuyant sur l'expérience, mais en faisant toutes sortes d'expériences. En quoi on a tort. D'abord, parce qu'une expérience est limitée. Certes, elle nous apprend beaucoup sur une chose ou sur un être. Mais elle ne nous apprend beaucoup que sur « une » chose et sur « un » être. Si bien qu'un fait a beau être concret et vivant, malgré son côté vivant et concret il ne nous apprend rien. Et quand il est censé nous apprendre quelque chose, cela se passe souvent au prix d'une généralisation abusive, consistant à prendre un cas particulier pour une généralité. En outre, faire des expériences pour faire des expériences est également limité. Certes, qui dit faire des expériences dit s'ouvrir à la nouveauté, à l'originalité ainsi qu'à la diversité du réel. Mais, qui dit faire des expériences pour faire des expériences, dit aussi répéter indéfiniment le même geste consistant à collectionner des expériences, des faits et des rencontres. Ce qui n'a rien d'original, tout en étant limité puisque multiplier les informations et les détails sur le réel ne nous enseigne rien d'essentiel, sinon des informations et des détails. Peut-on toutefois en rester là?

« Il n'est pas douteux que toutes nos connaissances ne commencent avec l'expérience, car par quoi notre faculté de connaître serait-elle éveillée et appelée à s'exercer, si elle ne l'était pas par des objets qui frappent les sens et qui, d'un côté, produisent des représentations et, de l'autre, mettent en mouvement notre activité intellectuelle. »
Emmanuel Kant, *Critique de la raison pure.*

Les leçons de l'expérience

Ainsi, pratiquons une fois dans notre vie la qualité des choses, comme le conseillait Henri Bergson (1859-1941). Laissons vivre en nous une sensation, comme par exemple celle d'un chemin de forêt mouillé après la pluie. Nous verrons cette sensation se mettre à vivre et à s'épanouir en nous. Et, vivant ainsi en nous, nous la verrons nous faire entrer en communication avec la part profonde de nous-mêmes qui se conserve en nous sous la forme de la mémoire et de l'imagination de la vie. Proust (1871-1922) a fait une telle expérience à propos d'une petite madeleine trempée dans un peu d'infusion au tilleul. Il a senti vivre en lui celle-ci. Et la sentant ainsi vivre, il a découvert le secret de la mémoire qui court au fond des choses. Ce qui l'a délivré sur le plan de la création. Aussi est-ce Vladimir Jankélévitch (1903-1985) qui a raison. La vie est passagère. Mais faisons une fois l'expérience de l'éphémère en savourant l'instant qui passe. Nous verrons se détacher quelque chose d'unique conférant pour jamais à cet instant qui passe l'éclat d'une éternité. Comment taxer dès lors l'expérience de limitée? Et, du coup, comment condamner la multiplicité? Car s'il est vrai qu'il y a une culture de la diversité qui est stérile, être divers et multiple n'est-ce pas aussi avoir diverses facettes? Un visage caché? L'unique qui se révèle derrière l'éphémère n'est-il pas le signe que l'éphémère n'est pas ce que l'on croit? Et donc qu'il est plus riche que ce que l'on pensait? La diversité renvoie à la vie créatrice secrète des choses. Aussi Bergson a-t-il raison. Comment nier l'expérience? La métaphysique dont parle la philosophie ne commence-t-elle pas avec une expérience?

L'expérience, le concret des choses, cela peut être le côté limité des choses et de la vie. Mais, cela peut être aussi, à travers un vécu intense, une ouverture sur la profondeur des choses et de la vie.

Le savoir masque-t-il un pouvoir ?

Il peut y avoir une violence dans le fait de désirer tout savoir. Mais faut-il pour autant renoncer à savoir ?

Les vertus de la dialectique

Nous avons parlé de l'abstraction* (*voir* pp. 26-27) et critiqué le rôle limité de l'expérience* (*voir* pp. 28-29), avant de réhabiliter l'expérience non sans avoir rappelé les dangers de l'abstraction. On pourrait, dès lors, légitimement conclure que les philosophes se complaisent à dire tout et le contraire de tout. Soit parce qu'ils ne savent pas ce qu'ils disent. Soit parce qu'ils veulent toujours avoir raison. Ce qui serait une erreur. Car si les philosophes donnent l'impression de dire tout et son contraire, c'est en fait pour faire bouger les esprits et les mettre en mouvement. D'où l'importance chez eux de la dialectique, ce dialogue inlassable pour éveiller la pensée et la mettre en mouvement. Ce que Platon (427-347 av. J.-C.) a si bien traduit en disant que la pensée est un dialogue de l'âme* avec elle-même. Et ce que, par ailleurs, traduit la notion de savoir.

> « *Deux excès, exclure la raison, n'admettre que la raison.* »
> Blaise Pascal, *Pensées*.

Les deux faces du savoir

D'un côté, en effet, comment ne pas voir que l'ignorance est une plaie et qu'il faut vouloir savoir ? Socrate (470-399 av. J.-C.), durant l'Antiquité, a constaté que l'homme* irresponsable ne savait pas ce qu'il faisait. De son côté, au XVIIIe siècle, Emmanuel Kant (1724-1804) a fait remarquer que les dictatures au cours de l'histoire s'étaient toujours arrangées pour masquer la vérité aux hommes. D'une façon générale l'ignorance entretient la violence. D'où la nécessité de lutter contre elle par l'éducation. Est-ce à dire pour autant que le savoir n'est pas sans danger? Nullement. Sur un plan individuel, Nietzsche (1844-1900), au XIXe siècle, a critiqué la prétention de l'homme théorique cherchant à savoir tout ce qu'il fait, en faisant remarquer que quand on pense, les idées* viennent à nous sans que l'on pense à penser telle ou telle idée. Penser, autrement dit, ce n'est pas décider d'avoir telle ou telle idée, mais découvrir que telle idée se pense en nous et nous habite, parce que la vie est une grande pensée. La conscience individuelle et sa prétention à tout contrôler risque de nous le faire oublier. D'où les limites d'un certain savoir lorsque celui-ci prend la forme d'un certain contrôle ne laissant plus la vie s'exprimer. Sur le plan politique*, le savoir est aujourd'hui un enjeu. Car qui possède des informations politiques, économiques, financières, technologiques, médicales avant tout le monde, ne possède-t-il pas un pouvoir? En outre, si la culture ou le langage ne sont pas forcément des armes, l'absence de culture et de langage crée chez certains un fossé souvent insurmontable entre eux et le reste de la société. Si bien qu'il est très handicapant de ne pas être éduqué. Surtout dans un monde éduqué où l'insertion sociale passe désormais par la culture. Enfin, il ne faut pas se cacher qu'il arrive que l'on abuse du droit* de savoir afin de violer l'intimité des individus, ainsi que la pudeur préservant le secret des choses.

En ce sens*, il y a une éthique de la vérité* qui ne se prononce pas n'importe comment, n'importe quand et à n'importe qui.

« La dernière démarche de la raison est de reconnaître qu'il y a une infinité de choses qui la surpassent. Elle n'est que faible si elle ne va pas jusqu'à connaître cela. »
Blaise Pascal, *Pensées*.

Il faut savoir pour lutter contre l'ignorance, mais il faut aussi assigner des limites à la volonté de savoir, afin de ne pas basculer dans la violence qui veut tout savoir au mépris de la pudeur et du respect.

D'où vient la violence ?

S'interroger sur l'origine du mal et de la violence, c'est supposer que ceux-ci ne sont pas irrationnels. Et donc lutter contre leur fatalité. Mais peut-on les rationaliser sans les banaliser ?

« Signes de celui qui progresse : il ne blâme personne, il ne loue personne, il ne se plaint de personne, il ne dit rien de lui-même comme de quelqu'un d'importance ou qui sait quelque chose. Quand il est embarassé et contrarié, il ne s'en prend qu'à lui-même. Quand on le loue, il rit à part soi de celui qui le loue ; et, quand on le blâme, il ne se justifie pas. »
Épictète, *Manuel.*

La violence n'est pas fatale

La violence règne autour de nous. Sous la forme de la guerre ou de la guerre civile qui ravagent certains pays. Sous la forme du crime et de la délinquance qui perdurent dans des pays pourtant prospères. Sous la forme, enfin, des discours et des images que les médias véhiculent. Croire que la violence n'a pas de causes serait penser que celle-ci est irrationnelle et non fatale. Or, ce n'est pas le cas. Sauf pour ceux qui s'y résignent et, surtout, pour ceux qui en jouent. Aussi importe-t-il de dénoncer l'accoutumance à la violence qui se déploie insidieusement à la façon d'une drogue. D'abord, en revenant sur la notion même de violence. La violence vient du terme violer qui signifie trois choses :

– transgresser la loi* juridique ;
– abuser sexuellement de quelqu'un ;
– profaner ce qui relève du sacré.

La transgression de la loi juridique provient de causes politiques* ou sociales. Car généralement, on est conduit à violer le pacte de non-violence qui est à la base de la société, soit pour conquérir le pouvoir de façon tyrannique afin de faire triompher sa loi, soit pour riposter à un pouvoir tyrannique qui, détenant la loi, ne laisse pas d'autre alternative que de transgresser la loi pour pouvoir s'opposer à lui.

L'abus sexuel provient, lui, de causes psychologiques. Ces causes proviennent d'une frustration profonde de la part d'individus faibles et impuissants qui, pour se donner une apparence de force, jouissent de dominer sexuellement l'autre. Enfin, la profanation du sacré provient d'une volonté délirante de certains individus de faire d'eux-mêmes des dieux en proclamant qu'il n'y a rien d'inviolable. Quand elle n'est pas une réaction face à un détournement des valeurs religieuses par des tyrans ou des fanatiques utilisant la façade du sacré. Il y a, autrement dit, violence active que Platon (427-347 av. J.-C.) a bien décrite en parlant de la séduction qu'exerce la tyrannie chez les esprits faibles. Comme il y a une violence réactive qui pousse parfois à la révolte, par désespoir. Peut-on pour autant rationaliser la violence en la limitant à une explication politique, psychologique ou existentielle?

La violence n'est pas banale

Il faut se méfier des explications concernant la violence. Ainsi que l'a montré Kant (1724-1804), en effet, quand on commence à expliquer la violence, on finit toujours plus ou moins par naturaliser et banaliser celle-ci, en la ramenant à un phénomène social, psychologique ou existentiel.

En outre, on finit également par déboucher sur des solutions techniques, sans apercevoir que la violence a des causes morales*. Peut-on ainsi régler la violence de l'extérieur, comme on règle un accident de la nature? Platon a pensé le contraire. Face à la violence, nous n'avons pas besoin d'une science, mais d'une morale. Car la violence n'est pas un problème pour la nature, mais un problème pour les hommes*. Et, chez les hommes, elle ne provient pas d'une erreur technique, mais d'une absence de conscience morale de l'homme envers l'homme.

Si les explications que l'on donne habituellement de la violence ne sont pas fausses, se contenter d'une explication ne suffit pas. La violence a besoin d'une réponse morale et pas simplement scientifique.

Tout est-il économique ?

L'argent est un instrument de civilisation en favorisant les échanges. Mais n'a-t-il qu'un rôle civilisateur ?

« Souviens-toi que tu dois te comporter comme dans un festin. Le plat qui circule arrive-t-il à toi ? Tends la main et prends modérément. Passe-t-il loin de toi ? Ne le recherche pas. Tarde-t-il à venir ? Ne jette pas de loin sur lui ton désir, mais patiente jusqu'à ce qu'il arrive à toi. Sois ainsi pour tes enfants, ainsi pour ta femme, ainsi pour les charges publiques, ainsi pour la richesse, et tu seras un jour digne d'être le convive des dieux. »
Épictète, *Manuel*.

L'équivalent général des marchandises !

L'argent ne laisse pas indifférent. C'est le moins que l'on puisse dire. Alors que certains le maudissent, d'autres lui dressent un autel. Ce qui est une erreur. Car en réagissant de la sorte, on finit par ne plus comprendre ce qu'est l'argent et pourquoi il a pris tant d'importance.

C'est Karl Marx (1818-1883), le théoricien du socialisme, qui a bien défini l'argent en voyant dans celui-ci un rapport social. L'argent, en effet, est un intermédiaire dans les échanges qui permet d'accélérer ceux-ci en évitant le troc et, à travers lui, l'aspect fastidieux consistant à apporter des marchandises, à les échanger, à les remporter. À ce titre, qui dit argent dit rationalisation de la société. Capacité abstraite d'opérer sur des signes. Intelligence technique pour économiser de l'énergie grâce à des échanges simplifiés. En outre, qui dit argent, dit une nouvelle façon de contrôler la violence. Car derrière l'argent se trouve une loi* des échanges. Nous l'appellerions aujourd'hui la loi du marché. Marcel Mauss (1872-1950), qui fut l'un des fondateurs de la sociologie moderne, l'a appelée loi de la réciprocité. Celle-ci oblige à ne pas acquérir un objet sans offrir une contrepartie. Elle oblige également à ne pas céder un objet sans recevoir une contrepartie.

La violence résultant d'une inégalité, la réciprocité éloigne de l'inégalité qui se traduit toujours par la tyrannie des uns et le sacrifice des autres. Aussi peut-on dire que celle-ci, à travers la loi du marché, a contribué à civiliser les hommes* et qu'elle contribue encore à le faire. D'où son importance dans l'évolution du monde. Importance qu'il convient cependant de

nuancer. Car si la civilisation dite du marché a contribué à humaniser le monde, celle-ci a néanmoins un revers.

La mystification des échanges

Comme l'a, en effet, montré Marx, l'argent, en mettant en relation les choses entre elles, fait courir le risque de mettre les choses qui n'ont pas la même valeur sur le même plan. Ainsi, en échangeant, il peut devenir possible de pratiquer une inégalité en laissant croire que ce n'est pas le cas puisqu'il y a échange. Pendant la guerre, par exemple, certains ont profité de la situation pour échanger de la nourriture contre des bijoux. Ce fut un échange, certes. Mais un échange qui abusa de la situation. Tout ne s'échange pas. Quand on le croit, on cède à la magie de l'argent qui permet parfois de fabriquer des fortunes de façon très rapide, en profitant de certaines situations. On critique la prostitution qui voudrait nous faire croire que l'on peut mettre l'argent et l'amour sur le même plan, en échangeant de l'amour contre de l'argent et de l'argent contre de l'amour. Certaines façons d'exploiter certaines situations relèvent du même geste. D'où la nécessité d'être critique à l'égard du rôle de l'argent, qui peut avoir pour effet de provoquer une crise des valeurs lorsqu'on se met à croire qu'il est tout. L'argent qui donne du pouvoir n'est pas forcément un gage d'honnêteté. Il peut arriver qu'il masque toute une histoire faite de violences. Aussi Marx a-t-il imaginé de revenir vers d'autres rapports sociaux fondés sur le travail et non plus sur l'échange.

La valeur des choses repose sur un accord né au cours d'un échange. Mais elle repose avant tout sur le travail et le don.

Tout est-il politique ?

Si l'on veut pouvoir agir, il faut passer par une politique et donc par le politique et la politique. Tout est-il politique pour autant ?

Un passage incontournable

La politique* désigne une manière d'agir dans un domaine. Le domaine concerne celui de la société et de ses relations. La manière d'agir concerne le fait de suivre une démarche rationnelle et non une démarche irrationnelle. On appellera donc politique la démarche rationnelle adoptée par l'humanité, prise en société, afin de se guider elle-même.

S'il y a un âge de la vie qui est celui de l'innocence et des jeux, il y a un âge au cours duquel il faut cesser d'être innocent et de jouer afin de devenir adulte. Car il arrive qu'il y ait, comme on dit, des naïvetés coupables. C'est en ce sens* que l'on entend dire que tout est politique. Tout est politique car tout doit devenir, à un moment ou à un autre, rationnel, si l'on veut pouvoir éviter de basculer dans l'irrationnel et la violence. Les hommes*, en effet, sont égoïstes. Ils ont des passions. De l'ambition. De l'orgueil. Souvent, leur égoïsme les conduit à être plein de ruses afin de parvenir à leurs fins. Comment parvenir de la passion à la raison ? Comment surtout le faire sans violence, afin de ne pas provoquer celle-ci sous prétexte de l'évacuer ? C'est là la tâche de la politique, qui est un art patient pour transformer la société et l'amener à la raison. En contournant les égoïsmes, les ambitions, l'orgueil, les ruses. Ce qui demande beaucoup de patience et d'habileté. Tout est souvent plein de ruses dans l'ordre des affaires humaines. Aussi tout demande-t-il beaucoup de politique. C'est cela que veut dire, « tout est politique ». Savoir qu'il y a beaucoup de ruses dans les relations humaines. Et savoir y répondre.

« L'homme sauvage ne respire que repos et liberté ; l'homme policé sue, s'agite. Il travaille jusqu'à la mort. Il y court même. Il fait sa cour aux grands qu'il hait et aux riches qu'il méprise ; il n'épargne rien pour obtenir l'honneur de les servir. Combien de morts cruelles ne préféreraient pas l'homme sauvage plutôt que l'horreur d'une telle vie ? Mais, pour voir le but de tant de soins, il faudrait que ces mots, puissance et réputation, aient un sens dans son esprit, qu'il apprît qu'il y a une sorte d'hommes qui comptent pour quelque chose les regards du reste de l'univers et qui sont davantage heureux sur le témoignage des autres que sur le leur propre. »
Jean-Jacques Rousseau, *Discours sur l'origine des inégalités.*

De la violence à la capacité

Cela dit, s'il convient de ne pas être naïf, il convient de ne pas basculer dans la méfiance et la suspicion. À trop dire, en effet, que tout est politique, on risque fort de voir partout des manœuvres obscures pour conquérir du pouvoir. Aussi importe-t-il d'être sage, et pas simplement vigilant, en apercevant l'autre face du pouvoir. Car si le pouvoir renvoie à la domination, il renvoie aussi à la capacité. Comme son nom l'indique, pouvoir, c'est être capable de. Et être capable de, c'est maîtriser les possibilités que l'on a en soi, d'une façon telle que l'on en vient à dégager de nouvelles possibilités. Souvent, les hommes cherchent à dominer les autres parce qu'ils sont frustrés. Incapables de grand chose. Quand, en revanche, quelqu'un est capable et qu'il a l'art de faire régner le possible, il n'a aucun désir de dominer les autres et de se venger à leur égard de son impuissance. On dira donc – sans paradoxe aucun – que c'est par le pouvoir que l'on guérit du pouvoir. On sort du pouvoir comme domination en rentrant dans le pouvoir comme capacité. Il ne faut donc pas avoir peur du pouvoir. Il faut du pouvoir. Car ainsi que l'a montré Spinoza (1632-1677), c'est lorsque les hommes se sentent impuissants qu'ils cherchent à dominer les autres. Quand, à l'inverse, ils sont devenus des hommes forts, puissants, pleins de capacités, pleins de possibles, ils n'ont aucune envie de dominer les autres.

Si l'on veut pouvoir lutter contre la violence qui menace l'humanité prise en collectivité, il faut être politique et faire de la politique. Il faut surtout développer dans les hommes le pouvoir pris comme capacité, afin d'éviter que ceux-ci soient fascinés par le pouvoir comme domination.

Qu'est-ce qui est juste ?

La justice passe par une lutte contre les inégalités. Mais se confond-elle pour autant avec l'égalité ?

Tous égaux ?

L'une des choses qui est sans doute la plus révoltante dans le monde est de voir des gens malhonnêtes réussir et recevoir les honneurs, alors que d'autres qui sont honnêtes sont bafoués et humiliés. Le paradoxe tragique, cependant, d'une telle situation est qu'en voulant échapper à cette injustice, il arrive que l'on en commette d'autres. Et ce, faute de comprendre que la justice* nécessite que l'on prête attention à deux choses et non à une, à savoir ce que l'on est et ce que l'on fait. S'agissant de ce que l'on est, aucun homme* n'est, par nature, supérieur à un autre homme. C'est là le fondement de l'humanité. Prétendre le contraire, c'est déboucher sur le racisme. Au cours de l'histoire, on a vu apparaître des idéologies racistes prétendant que certains hommes sont naturellement supérieurs à d'autres et d'autres naturellement inférieurs. Il ne faut pas se le cacher : au-delà du racisme, dès qu'il s'agit d'acquérir du pouvoir, on voit apparaître des idéologies s'appuyant sur la nature afin de revendiquer tel ou tel pouvoir. C'est ainsi que l'on entend dire, par exemple, que la femme est un être faible par nature. C'est la raison pour laquelle Rousseau (1712-1778) a dénoncé, dans son *Discours sur l'origine des inégalités*, la notion d'inégalité naturelle, en montrant que celle-ci était

« À tout prendre, commettre l'injustice est plus grave que la souffrir ; car l'acte injuste va de pair avec la méchanceté et comporte le blâme. »
Aristote, *Éthique à Nicomaque*.

un mythe destiné à conforter une domination. Le pouvoir qui cherche à dominer le fait toujours en se cachant derrière la nature afin de masquer sa violence. S'il y a des injustices dans le monde, nous explique-t-il, la faute en revient à la nature des choses. Rousseau s'est élevé contre ce discours. L'injustice n'est pas une fatalité. Elle n'est pas naturelle. Un homme en vaut un autre. Aucun n'est inférieur par nature. Il faut donc traiter les hommes de façon égale en proclamant cette égalité.

Bien qu'il y ait encore fort à faire, l'égalité est en marche. Reste qu'il convient d'être vigilant. Car, s'il convient ne pas se masquer derrière la nature pour légitimer un état juste des choses, il convient aussi de ne pas se masquer derrière l'égalité. Alors que certains travaillent et se donnent de la peine, d'autres ne font rien. Donner la même chose à tout le monde n'est donc pas possible. Sauf à courir le risque d'étouffer le mérite et l'équité derrière l'égalité. Ce qui se produit parfois malheureusement. Il arrive que l'égalité soit utilisée comme un masque. Par aigreur. Pour faire croire que ceux qui travaillent et ont du mérite sont injustes.

« Ne pouvant faire qu'il soit force d'obéir à la justice, on fait qu'il soit juste d'obéir à la force. Ne pouvant fortifier la justice, on a justifié la force. »
Blaise Pascal, *Pensées.*

Entre l'être et le faire

Il faut donc être prudent quand on parle de justice et apercevoir que l'on se masque souvent la réalité des choses, soit derrière la nature et la fatalité soit derrière l'égalité. En fait, il y a ce que l'homme est et ce que l'homme fait, et il faudrait cesser de confondre ces deux plans. En tant qu'être, l'homme doit être respecté. Mais le respect dû à son être s'adresse aussi à ce qu'il fait. Ce n'est pas parce que l'on est respectable en tant qu'homme que l'on est dispensé d'agir en tant qu'homme et que tout ce que l'on fait est respectable. Et inversement. Ce n'est pas parce que l'on a fait ceci ou cela, que l'on cesse pour autant d'être homme. La justice devrait toujours être la balance entre l'être et le faire de l'homme.

La justice devrait pouvoir être cette balance consistant à respecter l'homme tout en ne se dispensant pas de juger ce qu'il fait.

Peut-on être libre quand il y a des lois ?

La loi fait immédiatement penser à une règle contraignante. Mais peut-on simplement la réduire à une contrainte ?

« Destitué de raisons valables pour se justifier, et de forces suffisantes pour se défendre, écrasant facilement un particulier, mais écrasé lui-même par des troupes de bandits, seul contre tous, et ne pouvant à cause des jalousies mutuelles s'unir avec ses égaux contre des ennemis unis par l'espoir commun du pillage, le riche, pressé par la nécessité, conçut le projet le plus réfléchi qui soit jamais entré dans l'esprit humain ; ce fut d'employer en sa faveur les forces mêmes de ceux qui l'attaquaient, de faire ses défenseurs de ses adversaires, de leur inspirer d'autres maximes, et de leur donner d'autres institutions qui lui fussent aussi favorables, que le droit naturel lui était contraire. »
Jean-Jacques Rousseau, *Discours sur l'origine des inégalités.*

La contrainte de la loi

Quand on pense à la loi*, on pense souvent à la contrainte. Au règlement tatillon qui empêche d'agir librement. On pense aussi à l'injustice de certaines lois. L'histoire ne nous présente-t-elle pas des cas de dictatures, sous lesquelles on a vu des groupes au pouvoir édicter des lois à leur convenance ? Comment, dès lors, respecter la loi si celle-ci n'est que le visage de l'arbitraire légalisé ?

Ces critiques ne sont pas fausses. Il y a, en politique*, une tentation bureaucratique et administrative désireuse de tout normaliser par des règlements, comme il y a une tentation à vouloir se saisir du pouvoir afin de faire des lois à sa convenance. Cependant, les abus de la loi ne sauraient faire oublier la loi. Car en dehors de la loi, ce à quoi on a affaire est souvent pire que la loi. Ainsi, la loi dite « loi de la jungle » – où le plus brutal, le plus cynique, le plus pervers l'emporte sur celui qui n'est pas brutal, cynique ou pervers – est l'injustice même. Face à elle, obliger à respecter un pacte de non-violence est assurément contraignant. Mais cette contrainte est infiniment plus douce que celle que peut exercer la violence cynique. Avec, en effet, l'existence d'un pacte de non-violence, on ouvre la possibilité que la valeur des individus soit mesurée à l'aune non plus de la brutalité cynique et aveugle, mais de l'intelligence et de la compétence. Aussi comprend-on que Rousseau (1712-1778) ait repris dans son *Discours sur l'origine des inégalités*, cette phrase de Pline à l'empereur Trajan : « *Nous nous sommes donné un Prince, afin d'éviter d'avoir un tyran.* » Le passage d'une société à l'état de droit* n'est pas une tyrannie. Cela permet d'éviter la tyrannie.

La loi comme liberté

En outre, s'il est vrai que la loi est souvent faite au profit de ceux qui exercent le pouvoir, il convient de ne pas oublier le contexte dans lequel les lois sont faites. Ainsi que l'a souligné Rousseau, si les lois existent, c'est parce que ceux qui ont le pouvoir ne peuvent pas indéfiniment conserver leur pouvoir par la force, tant cela est épuisant. Tant cela est dangereux, également, puisque cela conduit à se faire tout un tas d'ennemis. Aussi, ceux qui ont le pouvoir décident-ils, pour le garder, de passer un pacte avec leurs adversaires en leur reconnaissant une part de pouvoir en échange d'une reconnaissance de leur pouvoir. Certes, ils ont encore le pouvoir mais ils n'ont plus tout le pouvoir. La loi, en ce sens*, permet de lutter contre le pouvoir existant. Elle n'est pas simplement au service du pouvoir existant. Rousseau a, de ce fait, perçu quelque chose d'essentiel.

La loi est un contrat, avec au sein de ce contrat, des règles de reconnaissance mutuelle. De ce fait, sur la base de ce contrat, il est possible de se faire reconnaître. Il est possible aussi de discuter. Si bien qu'il est possible de faire bouger les choses. En outre, au-delà de cet aspect juridique et politique, la loi a un autre aspect. Celui d'ouvrir sur la liberté*. Car être libre, qu'est-ce, sinon, au lieu d'être limité par le monde extérieur, maîtriser soi-même sa propre limite en se réglant intérieurement? Le règlement de soi qui dispense d'être arrêté et freiné par le monde extérieur permet aux hommes* d'être libres.

La loi qui peut être parfois manipulée par la violence permet néanmoins de transformer les choses et d'agir par rapport à la violence.

Y a-t-il une morale universelle ?

Chaque pays a des coutumes et des mœurs particulières. Peut-on pour autant réduire la morale à une coutume ou un particularisme culturel ?

Les dangers de la Morale avec un M

Il n'est pas facile de parler de morale*. Car, tout de suite, les objections pleuvent. N'est-il pas dangereux de parler de « la » morale ? N'est-ce pas là gommer la diversité des individus ? Chacun n'a-t-il pas sa morale ? Au nom de quoi y aurait-il « une » morale et non plusieurs morales ? Ne risque-t-on pas, en parlant d'une morale, de privilégier un système de valeurs élaboré à un moment de l'histoire ? N'y a-t-il pas dans le fait de vouloir ériger un système de valeurs en absolu, une volonté, pour une société donnée, de s'approprier le domaine des valeurs et de le conserver ? N'est-ce pas au nom d'une telle volonté de conserver à tout prix un système de valeurs que l'on a persécuté et transformé la morale en idéologie violente ?

Tout cela est vrai. Et pourtant, malgré les apparences, toute cette critique de la morale démontre une grande fragilité.

Les dangers de la morale au pluriel

Critiquer en effet la morale est au fond très moral. C'est contre la violence que l'on critique souvent la morale, en trouvant la morale immorale. Pourquoi dès lors se débarrasser de la morale.

Sans une idée* de ce qui est moral et de ce que la morale doit être, serait-il possible de critiquer la morale ? N'est-ce pas parce que l'on présuppose qu'il y a une morale que l'on critique la morale comme on le fait ? Certes, il est arrivé à la morale d'être détournée par des logiques de violence et de persécution. Mais comment ne pas voir qu'il s'agissait là de détournements ? Tout peut être un jour trahi. Le trahi doit-il être confondu avec le traître ? À l'inverse, il est arrivé à la morale de lutter légitimement pour défendre ses valeurs. Peut-on le lui reprocher quand, soi-même, on lutte pour la vérité* ? Ceux qui luttent pour la tolérance ne luttent-ils pas pour cela ? Que diraient-ils si on les traitait d'odieux persécuteurs ? Dès lors, s'il est vrai qu'il importe de respecter les sociétés et les hommes* dans leur richesse et leur diversité, ne faut-il pas apercevoir que la diversité a des limites ? Le respect de la diversité n'est-il pas possible parce que le respect ne souffre pas d'entorse ? Si l'on disait que le respect des hommes dans leur diversité n'est après tout qu'une coutume ou un particularisme culturel, ne risquerait-on pas de faire le jeu de la violence et de voir un jour, par exemple, arriver une idéologie prétendant que la répression du crime n'est qu'un fait coutumier ? Peut-on réduire les grands principes qui permettent à l'humanité de ne pas basculer dans la barbarie à un folklore ? Les interdits fondateurs de l'humanité doivent-ils être considérés comme des spécialités régionales et envisagées comme on envisage le saucisson d'Auvergne ou le foie gras des Landes ?

Tout ne se ramène pas à un problème de sensibilité individuelle. Il ne faut pas confondre les valeurs et le goût. Et c'est à la morale qu'il revient de nous l'apprendre. Il y a des principes. Il faut des principes. Ainsi, le respect fonde la morale. D'où vient le respect ? C'est une énigme. Sans doute, du fait qu'il y a quelque chose de profondément respectable dans le miracle de la vie.

« Des rochers se détachant audacieusement, d'orageux nuages et des éclairs, l'immense océan dans sa fureur, les chutes d'un fleuve puissant, ce sont là les choses qui réduisent notre pouvoir de résister à quelque chose de dérisoire en comparaison de la force qui leur appartient. La nature par sa force nous fait connaître notre faiblesse mais aussi notre faculté d'être indépendants par rapport à elle. Elle est sublime, non pas en ce qu'elle nous fait peur, mais en ce qu'elle est un appel à la force qui est en nous. Quand la force de la nature sollicite la force qui est en nous, celle-ci suscite en nous un respect profond et symbolise la moralité. »
Emmanuel Kant, *Critique de la faculté de juger.*

Face à la violence qui tend à relativiser le respect, la morale a pour vocation de nous rappeler que le respect n'est pas une valeur relative.

Qu'est-ce que la vertu ?

On présente souvent la vertu comme étant triste et le libertinage comme étant joyeux. Et si c'était l'inverse qui était vrai ?

Un mot d'un autre âge ?

Le mot de vertu sonne aujourd'hui comme quelque chose de désuet voire de triste. N'est-il pas d'un autre temps de parler de la vertu et surtout d'évoquer les vertus ? Être vertueux, n'est-ce pas tout sacrifier au devoir et, au nom du sacrifice au devoir, renoncer à soi et à son bonheur* – parfois en pure perte ?
Oui, le terme de vertu est aujourd'hui désuet. Et c'est dommage. Le monde moderne ne s'y réfère plus et il ne devrait pas en être fier. Car que reste-t-il de la vie quand il n'y a plus de vertu ? Souvent rien que de l'égoïsme glacé ne se sacrifiant pour rien. Ce qui est parfois terrifiant et pas simplement triste. On aurait donc intérêt à revenir à la vertu. On y apercevrait de belles choses qui n'ont rien de triste.

Un certain sens de la qualité des choses

Le terme de vertu ne signifie-t-il pas en effet, d'abord, la qualité des choses ? Ne parle-t-on pas de la vertu de quelque chose afin de désigner cette qualité ? En outre, la vertu ne renvoie-t-elle pas à l'acte qui consiste à se donner pour règle de respecter ce que l'on a découvert comme étant bon, par respect et sens* de ce qui est bon ? D'où l'expression « faire vertu de quelque chose », expression visant à mettre en parallèle la vertu et la pratique de quelque chose.

On peut, dès lors, comprendre bien des choses. Comme par exemple le lien unissant la vertu et l'exemple. L'homme vertueux étant celui qui libère la qualité des choses par le fait de les vivre avec sérieux, n'est-il pas celui qui en vient à modeler sa vie ? À la faire vivre alors que tant de personnes n'y parviennent pas ? Et ayant ainsi l'art d'élever sa vie, n'est-il pas celui sur qui il est possible de prendre appui afin de se modeler ?

La vie est un courant de vie qui peut devenir une force pour peu qu'on la maîtrise avec soin. Aussi la vertu est-elle de faire vertu de ce qui est ainsi plein de vertu. Et ce, en développant toutes sortes de vertus, qui sont autant de manières d'être, afin de faire exister cette force. Les stoïciens qui furent les grands maîtres de la vertu au cours de l'Antiquité ont beaucoup parlé de la force d'âme*. Ils ont longuement enseigné à faire vertu de toutes choses en convertissant une situation négative en situation positive par le fait de ne pas se laisser asservir par celle-ci. On peut transformer la vie qui nous fait face en force intérieure et en liberté* grâce à notre vie intérieure. Où est la tristesse là-dedans ? Et en quoi est-ce désuet ? D'autant qu'il y a une liberté de la vertu. Car la vertu résidant dans le souci donné à la qualité des choses, beaucoup de choses peuvent devenir vertueuses pour peu qu'on sache en avoir soin, en les traitant avec attention et non avec désinvolture ainsi que le fait la vie superficielle. La vertu est donc pleine de vie. Et pour cause, puisqu'elle est l'autre nom de la vie. La vie est une force qui peut être aveugle. Être vertueux, c'est faire de cette force une force créatrice et éclairée, en vivant avec force.

« *Qu'est-ce qui peut nous guider ? Une seule et unique chose : la philosophie. Et la philosophie consiste en ceci : à veiller à ce que le génie qui est en nous reste sans outrage et sans dommage, et soit au-dessus des plaisirs et des peines ; à ce qu'il ne s'attache pas à ce que les autres font ou ne font pas. Et, en outre, à accepter ce qui arrive et ce qui lui est dévolu, comme venant de là même d'où lui est venu.* »
Marc Aurèle, *Pensées pour moi-même.*

La vertu est ce qui élève la vie, en délivrant la force qui se trouve en elle par le simple fait de s'appliquer à vivre avec sérieux en épousant la qualité des choses.

Le bonheur est-il moral ?

La société de consommation a tendance à identifier le bonheur à l'avoir et non pas à l'être. Est-ce une raison pour ne plus se référer au bonheur ?

Quand le plaisir tourne à l'esclavage

Le bonheur*, on en rêve. Mais en rêve-t-on bien? En le confondant avec la satisfaction de tous ses désirs, il est certain que l'on risque de se tromper. D'abord, parce que vivre pour satisfaire tous ses désirs, c'est être esclave de ses plaisirs et de son corps, au point, parfois, de souffrir de manque – comme le drogué qui n'a pas sa dose souffre de manque. Ensuite, parce que satisfaire tous ses désirs conduit souvent à l'ennui et, à travers lui, au malheur de ne plus rien avoir à désirer. Enfin, parce que vivre à l'excès afin de connaître toujours de nouveaux plaisirs pour échapper à l'ennui rend souvent malade, quand cela n'a pas des conséquences fatales. On comprend, dans ces conditions, qu'Épicure (341-270 av. J.-C.), qui fut le grand maître de la philosophie du bonheur dans l'Antiquité, ait dit que parce qu'il aimait être heureux, il menait une existence frugale et sobre, préférant savourer les choses en les goûtant plutôt que d'en abuser et de tomber malade. Faut-il pour autant renoncer au bonheur? Nullement. Car le bonheur n'a pas qu'une face.

« Le sage ne fait pas fi de la vie et n'a pas peur non plus de ne plus vivre : car sa vie ne lui est pas à charge, et il n'estime pas non plus qu'il y ait le moindre mal à ne plus vivre. De même que ce n'est pas la nourriture la plus abondante que nous préférons, mais parfois la plus agréable, pareillement ce n'est pas la plus longue durée qu'on veut recueillir, mais la plus agréable. »
Épicure, *Lettre à Ménécée.*

Le bonheur comme devoir

Spinoza (1632-1677), au XVIIe siècle, l'a bien compris lorsqu'il a parlé du désir afin de souligner que désirer, au sens* fort du terme, ne veut pas dire manquer de quelque chose, mais aimer et, à travers cet amour, affirmer la vie. En profondeur le désir n'est pas un manque par rapport à une chose, mais plutôt un état par rapport à la vie consistant à ne plus avoir besoin d'une chose pour être heureux. En ce sens, il consiste non pas dans la possession d'une chose, mais dans

la liberté* à son égard. Cette liberté à l'égard des choses consiste avant tout dans le fait de se réjouir de vivre. Généralement, cette joie nous parvient quand nous avons pris conscience que nous possédons en nous une force ainsi que des capacités de vie. Un tel état n'interdit pas notre rapport aux choses. Il en change simplement le sens, en nous conduisant à goûter celles-ci, non plus parce que nous en avons besoin, mais gratuitement. En fait, être heureux c'est pouvoir faire tout ce que nous faisons tous les jours, mais sans dépendance. Librement. D'où l'idée d'état attachée au bonheur. Être heureux est une manière d'être et non la possession de ceci ou cela. Cette manière d'être est liée au fait de faire vivre la vie en l'enrichissant par la manière que l'on peut avoir de la penser et de s'en délivrer afin de la considérer pour elle-même. Le bonheur est accueil. Aussi est-il l'art de transformer tout plaisir en façon d'être. Contrairement à la violence du plaisir égoïste qui conduit au malheur en réduisant tout bonheur à un plaisir possessif. De ce fait, le bonheur réside dans cet état de liberté qui consiste à accueillir la vie à chaque instant à propos de tout. Par exemple, en s'asseyant à la terrasse d'un café ou en marchant sous la pluie. D'où le sens du bonheur de nous mettre à la bonne heure de la vie, par la transformation de l'instant en une occasion.

Le bonheur devient le grand art de la vie quand il est vécu, non pas comme la possession limitée d'un plaisir, mais comme cette exigence donnant de l'esprit à la vie en sachant faire jaillir la magie de l'instant.

La beauté est-elle un piège ?

Il y a une magie des apparences qui transforme parfois la beauté en un piège. Mais n'est-ce là que le seul aspect de la beauté et des apparences ?

Le diable est beau !

Il existe un dicton qui dit que le diable est beau et que c'est par sa beauté* qu'il séduit. Plus concrètement, on sait que ceux qui veulent captiver et charmer leur entourage le font en se donnant une belle apparence. Et ce, en devenant le miroir des attentes et des désirs des autres en leur renvoyant l'image qu'ils attendent. Ainsi, la séductrice ou le séducteur renvoient à l'autre qu'ils veulent séduire l'image que celui-ci attend. Ils épousent leurs fantasmes et leurs rêves afin de mieux les emprisonner dans leur stratégie de séduction. Est-ce à dire que toute beauté n'est qu'un piège issu des ruses de la nature ou des jeux des hommes* afin d'emprisonner et d'ensorceler. Bien évidemment non. Et bien qu'il y ait de la vérité* dans ce qui vient d'être dit, il y a là un côté réducteur. Car peut-on réduire la beauté au charme et à la séduction ? N'est-ce pas là une vision superficielle du beau, réduisant celui-ci au stade de la coquetterie ? N'est-ce pas surtout une vision violente de la beauté ne voyant en elle que ruse, piège, danger, guet-apens ? Quand on est un ami de la beauté, peut-on la voir ainsi et s'en méfier de la sorte ?

« Saint Augustin dit que l'âme est si noble et qu'elle a été créée si supérieure à toutes les créatures qu'aucune chose périssable, destinée à disparaître au jour du jugement dernier, ne peut parler à l'âme, ni agir en elle, sans messager. C'est le rôle des yeux et des cinq sens. Voilà les sentiers par lesquels l'âme s'en va dans le monde et par lesquels le monde, en retour, pénètre en elle. »
Maître Eckart, *Sermons*.

De l'apparence à l'apparition

Emmanuel Kant (1724-1804), en effet, a eu raison de le rappeler: on confond souvent l'agréable et le beau. Si un vin de Bordeaux qui flatte nos papilles peut être dit agréable, une symphonie de Beethoven (1770-1827) n'est pas agréable mais belle.

Pourquoi? Parce qu'elle ne s'adresse pas à nos papilles mais à notre pensée. Elle ne vise pas nos sens* mais du sens.

Qu'est-ce que le sens? Le sens est lié au symbole et le symbole à la représentation. Ainsi une symphonie de Beethoven est belle parce qu'elle symbolise quelque chose. Quoi? Un monde. On écoutait des sons et, soudain, voilà que ce ne sont plus des sons, mais ici la grâce d'un chant d'oiseau un matin de printemps, là le tonnerre un soir d'orage.

Le son s'est fait vision. Nous voyons des paysages et, à travers ces paysages, nous voyons tous les sentiments de l'homme défiler afin de nous parler de la condition humaine, qui doute, qui espère, qui lutte et qui aime. Si, dès lors, le son peut se faire image et n'être pas un simple son, n'est-ce pas là le signe que la condition humaine peut échapper à la banalité parce qu'il y a plus dans un son qu'un simple son?

N'est-ce pas, dès lors, dans cette capacité qu'a une œuvre de transfigurer le réel, afin de l'élever à la dignité d'un sens, que réside la beauté?

Le beau n'est-il pas cette alchimie faisant découvrir du sens là où il n'y aurait pu avoir que du banal ou de l'agréable pour les sens?

Revenons à la séduction. Quand une femme se fait belle, est-ce si superficiel ou si rusé que cela? N'est-ce pas aussi transformer le monde des apparences afin d'élever celui-ci?

Une femme qui est belle parce qu'elle a su se faire belle ne devient-elle pas une apparition révélant les possibilités insoupçonnées de la féminité?

Où est la ruse quand la séduction devient ainsi un art et l'art une élévation de ce que l'on touche?

Derrière la belle apparence des choses qui peut masquer une illusion, la beauté est l'art de faire surgir du sens transformant les apparences en apparitions et en révélations.

Qu'est-ce qu'aimer ?

On croit aimer. Souvent on se trompe. Car l'amour est plein d'illusions. Mais n'est-il qu'une illusion ?

« Or, sachez-le,
il est dans l'âme
une puissance plus vaste
que le vaste ciel
qui est pourtant
incompréhensiblement
vaste, tellement vaste
qu'on ne peut
l'exprimer ;
et cette puissance est
plus vaste encore. »
Maître Eckart,
Sermons.

Les jeux de l'amour

Écoutons les chansons, les opéras, la leçon des romans et des pièces de théâtre, tous ne nous disent-ils pas, comme l'écrivait Louis Aragon (1897-1982), qu'il n'y a pas d'amour heureux ?
Comment leur donner tort ? La réalité ne nous apprend-elle pas tous les jours que des hommes* et des femmes qui croyaient aimer découvrent en définitive qu'ils n'aiment pas ? L'amour est souvent une illusion que l'on se joue en aimant retrouver chez l'autre ce que l'on a en soi ou ce que l'on rêve de posséder pour soi. Parce qu'il y a aussi la pression sociale. La pression des autres. La pression de l'autre. Il arrive ainsi que l'on aime par faiblesse. Pour ne pas déplaire à son entourage. Par peur de son regard. Ou bien il arrive, au contraire, que l'on aime par défi. Pour rendre jaloux son entourage. Le provoquer. Le narguer. Où est alors l'autre dans tout cela ? N'est-il pas qu'une pièce que l'on manipule sur un jeu qui ne le concerne pas et où il est arrivé par hasard ? Enfin, n'arrive-t-il pas – illusion suprême – que dans l'amour on soit davantage amoureux de l'amour que de l'être aimé ? Se sentir aimé, se vouloir aimé, se dire que l'on aime, l'image de soi comme aimé et comme aimant ne se projette-t-elle pas sur l'amour de l'autre ? Tout cela est vrai. Mais le contraire n'est-il pas vrai ? S'il arrive que l'on découvre ne pas aimer alors que l'on croyait aimer, n'arrive-t-il pas aussi que l'on découvre aimer alors que l'on pensait ne pas aimer ? L'attachement à un être n'est-il pas parfois si profond, que l'on a tendance à se le cacher parce que celui-ci est, au fond, à la limite d'être douloureux ? Et quand un tel amour explose, n'arrive-t-il pas que

l'on soit capable d'aimer l'autre pour l'autre et pas simplement pour soi. En apportant un démenti cinglant à l'idée* selon laquelle l'homme ne serait qu'un être pétri d'égoïsme? L'amour ne donne-t-il pas parfois lieu au miracle de l'amour qui est de faire surgir de la générosité? Ne montre-t-il pas tous les jours que les hommes et les femmes qui aiment sont capables de déplacer des montagnes pour l'être aimé? Par exemple en défiant la pression sociale. Témoin Roméo et Juliette s'aimant malgré l'interdit de leurs familles respectives. Témoins encore, ces amours sublimes de confiance, de respect et de générosité où une femme aime un homme malgré ses défauts, ses handicaps, son passé. Parce que c'est lui, dira-t-elle. Et lui seul. D'où la magie de l'amour et sa présence insoupçonnée, visible seulement au regard de ceux qui aiment.

« *Dieu ne fait rien pour l'amour d'une quelconque créature : il fait tout par l'amour de sa propre bonté.* »
Maître Eckart, *Sermons*.

La vérité de l'amour

Rendons-nous dès lors à cette évidence, critiquerions-nous les illusions de l'amour comme l'a fait Proust (1871-1922), si nous n'avions pas une idée de ce que l'amour doit être? Et ne chercherions-nous pas ce que l'amour doit être s'il n'y avait pas d'amour du tout? Les désirs quant à l'amour existeraient-ils si l'amour n'existait pas? N'est-ce pas de l'amour que jaillit la vie, à commencer par la nôtre? La passion a donc beau voiler l'amour, elle le dévoile aussi. Car s'il est vrai que l'on aime l'autre pour soi, on n'aimerait pas l'autre pour soi si l'on n'aimait pas l'autre tout court.

La passion renvoie souvent au fait égoïste que l'on aime pour soi mais pas pour l'autre. Mais la passion peut être aussi ce qui dévoile l'amour pour soi parce que l'on aime l'autre.

Qu'est-ce qu'être soi ?

Si l'on veut devenir adulte, il faut résister à autrui et oser affirmer son moi. Mais si l'on veut être et demeurer adulte, est-il sûr qu'il faille encore s'opposer à autrui ?

Du moi absent au moi

On critique souvent le moi, en y voyant une forme d'égoïsme et de narcissisme consistant à donner beaucoup trop d'importance à sa propre personne. En quoi on a tort. Il faut oser dire je. Il faut oser affirmer son moi. L'enfant n'ose pas dire je. Car ayant peur d'être abandonné par les adultes, il a tendance à se conformer à eux pour leur plaire. Aussi parle-t-il de lui à la troisième personne, en imitant le langage des adultes à son égard. Constatons-le, l'enfance terminée beaucoup d'adultes demeurent des enfants. En quoi ils ne sont plus enfants, mais infantiles. Par peur de déplaire à leur entourage et de se retrouver seuls, ils deviennent conformistes et n'osent pas parler en leur nom propre. Cet abandon de personnalité a des conséquences graves. Car ne l'oublions pas, c'est en jouant sur la peur infantile inconsciente des individus, que les dictatures de toutes sortes s'établissent en profitant du conformisme que leur terreur fait naître. C'est la raison pour laquelle il faut dire je. Car dire je, affirmer son moi en parlant en son nom propre, c'est quitter l'enfance pour passer à

l'âge adulte. Et en devenant ainsi un adulte, c'est aider à ce que l'humanité devienne adulte, en luttant contre le conformisme qui règne partout sous de multiples formes, tant la tentation de plaire aux autres pour ne pas être seul est grande. Peut-on pour autant identifier l'état adulte à ce refus du conformisme ? Non.

Du moi au soi

Quand on est soi-même, en effet, on refuse le conformisme. À l'occasion. Quand il se présente et qu'il est gênant. Mais le refus du conformisme n'est pas un but en soi. Parce que l'on est soi-même, on n'éprouve pas le besoin de lutter contre le conformisme pour se sentir exister. Constatons-le, beaucoup de ceux qui prétendent lutter contre le conformisme ne l'ont pas compris. Ils pensent être eux-mêmes en étant non-conformistes. En quoi ils se trompent. Car avoir besoin du conformisme pour se sentir exister, qu'est-ce, sinon, en définitive, œuvrer à la reproduction du conformisme en étant secrètement heureux qu'il existe ? Et être un anticonformiste systématique qu'est-ce, sinon s'enfermer dans l'anticonformisme en jouant à être anticonformiste ? Il est bien beau de critiquer le mensonge des autres et l'inauthenticité de leur vie, mais si soi-même on ne fait rien pour être vrai et faire vivre une part d'authenticité n'est-ce pas une autre forme de mensonge et d'inauthenticité ? N'est-il pas un peu facile de cacher son propre mensonge en critiquant le mensonge des autres ? Il faut donc regarder les choses en face. Si l'on veut que le mensonge et le conformisme s'arrêtent, entreprenons d'être nous-mêmes un peu plus vrais. Faisons pour cela quelque chose de nos vies, en cessant de regarder la vie par rapport à notre moi.

Regardons, au contraire, le moi par rapport à la vie, en mettant le moi à l'intérieur de la vie. En un mot, vivons. C'est cela être soi-même. Vivre. Être assez soi-même pour ne plus se préoccuper de soi-même, au lieu d'être obsédé par soi-même.

« Souviens-toi que si tu crois libre ce qui par nature est servile, et propre à toi ce qui t'est étranger, tu seras entravé, affligé, troublé, et tu t'en prendras aux dieux et aux hommes. Mais, si tu crois tien cela seul qui est tien, et étranger ce qui t'est en effet étranger, nul ne pourra jamais te contraindre, nul ne t'entravera ; tu ne feras rien malgré toi ; nul ne te nuira ; tu n'auras pas d'ennemis, car tu ne souffriras rien de nuisible. »
Épictète, *Manuel*.

Entre le fait de ne pas avoir de moi et celui d'en avoir trop, il y a le fait d'être soi-même en étant suffisamment soi-même pour être libre à l'égard de soi et laisser ainsi la vie entrer en soi.

De quoi est-on responsable ?

La responsabilité est souvent invoquée pour désigner un coupable. Mais peut-on assimiler responsabilité à culpabilité ?

Il faut châtier les responsables !

Quand un accident se produit, on entend souvent dire qu'il n'y a pas de hasard et qu'il faut trouver les responsables afin de les punir. Dans l'esprit de ceux qui cherchent ainsi un responsable, la responsabilité veut dire la culpabilité. Mais est-ce le cas? N'est-il pas abusif de confondre les deux termes? Être responsable ne veut-il pas dire être adulte, conscient de ce que l'on fait, maître de soi? Si c'est le cas, le coupable d'un accident n'est-il pas coupable de ce qui est arrivé parce que justement il n'a pas été responsable? Un coupable n'est pas responsable au sens* où il n'est pas un homme* adulte, maître de lui-même. Aussi importe-t-il de revoir cette notion de responsabilité afin de la délivrer de cette image de culpabilité que l'on ne cesse de lui attacher.

Le beau mot de responsabilité

Revenons au langage. Dans responsable, il y a le terme répondre. Répondre veut dire répondre à, dans le cadre d'un dialogue où l'un interroge et l'autre répond, sans laisser le silence s'installer. Sans repousser l'autre. Sans être indifférent à l'autre. Répondre, cependant, veut dire aussi répondre de, dans le cadre d'une relation, en se portant garant de l'autre. En se substituant à lui. En faisant comme si l'autre c'était soi. On peut, dès lors, comprendre toute la profondeur de la responsabilité.

On est responsable quand quelqu'un nous interrogeant au sujet de quelqu'un d'autre en nous demandant ce que nous en pensons, nous lui répondons en répondant de l'autre.

« Le visage se refuse à la possession, à mes pouvoirs… Ce qui veut dire concrètement, le visage me parle et par là m'invite à une relation sans commune mesure avec un pouvoir qui s'exerce… Il m'oppose ainsi, par une force plus grande, la transcendance de son être… Il me dit: "Tu ne commettras pas de meurtre." »
Emmanuel Levinas, *Totalité et Infini.*

Plus en profondeur, la responsabilité réside dans le fait de répondre à celui qui nous appelle en nous demandant un signe d'humanité et de donner ce signe en n'étant pas indifférent. En lui faisant confiance. En lui disant: « *Oui. Je suis là. Tu existes pour moi. Tu ne m'es pas indifférent. Et tu existes tellement que pour moi, toi, c'est comme si c'était moi.* »

La responsabilité est la plus haute expression de l'humanité. Car c'est avec elle que la notion d'homme prend tout son sens. C'est avec elle que la notion d'homme prend forme et acquiert un visage. Imaginons un monde où il n'y aurait pas de responsabilité. Ce monde serait celui de l'indifférence où personne ne répond à personne. Ce serait aussi celui de la violence, personne ne répondant de personne. Quand quelqu'un commet un acte fatal, imprévisible, ne dit-on pas que l'on ne répond plus de rien, pour signifier que l'on a basculé dans un monde dangereux, étranger à l'homme? N'est-ce pas dans les logiques du pire que l'on ne répond plus de rien? À l'inverse, quand on fait une vraie rencontre dans la vie, avec quelqu'un de profond, ne dit-on pas que la vie a répondu à notre attente? Que, enfin, nous avons obtenu une réponse à ce que nous cherchions? Constatons-le: la notion de réponse est au carrefour du pire et du meilleur. L'humanité peut basculer dans le pire, où on ne répond plus de rien. Elle peut aussi évoluer vers le meilleur en apportant des réponses.

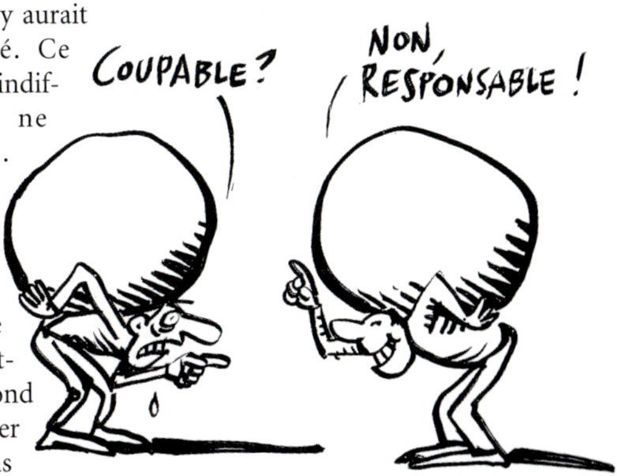

Être responsable, c'est avoir choisi la voie de la réponse et non du pire. C'est être devenu soi-même une réponse vivante pour les autres, en n'attendant pas que l'autre appelle pour répondre.

L'homme responsable est celui qui répond à une vie où l'homme est une réponse pour l'homme et non à une vie où, du fait du pire, on ne répond plus de rien.

Qu'est-ce qu'être libre ?

Qui n'a pas tendance à définir la liberté comme le fait de pouvoir choisir et de faire ce que l'on veut ? Et si c'était l'inverse qui était vrai ? Et si la liberté consistait à ne pas forcément choisir ni faire ce que l'on veut ?

La liberté du choix

Quand on ne peut pas choisir ni faire ce que l'on veut dans sa vie parce que l'on est opprimé par des personnes ou des puissances extérieures qui nous empêchent de choisir et de faire ce que nous voulons, comment ne pas penser que la liberté* coïncide avec le fait de pouvoir choisir et de faire ce que l'on veut? Face à l'esclavage où l'on est l'instrument d'un autre, la liberté réside dans le fait de n'être l'instrument de personne et de pouvoir exister en devenant son propre maître. Aussi n'est-il pas étonnant que la liberté ait été pensée d'une façon politique*, comme affranchissement de l'individu face à l'oppression d'un pouvoir afin de faire triompher la possibilité de choisir.

Peut-on cependant identifier toute la liberté à cette forme de liberté? Il faut répondre non. Car ne pas être esclave, ce n'est pas pour autant être libre. Et ce, parce qu'être libre, ce n'est pas avoir simplement vaincu l'esclavage extérieur. C'est avoir aussi vaincu l'esclavage intérieur. Dans les sociétés modernes, la liberté extérieure existe. Pourtant beaucoup de gens demeurent mal dans leur peau. Certains sont esclaves de la drogue ou de l'alcool. Signe que la liberté politique ne suffit pas. En outre, ne concevoir la liberté que d'une façon individuelle comme possibilité de se faire plaisir quand on le veut, ce n'est pas être libre. C'est être asservi au moi et à l'idéologie d'un monde égoïste faisant passer la jouissance avant tout, au risque de recréer une nouvelle tyrannie. La tyrannie d'un monde de consommateurs capricieux, aveugles et sourds à tout ce qui n'est pas leur jouissance. Il convient donc d'élargir la liberté. Comment?

« Médite donc tous les enseignements de la philosophie et tous ceux qui s'y rattachent; médite-les jour et nuit, à part toi et aussi en commun avec ton semblable. Si tu le fais, jamais tu n'éprouveras le moindre trouble en songe ou éveillé, et tu vivras comme un dieu parmi les hommes. Car un homme qui vit au milieu des biens impérissables ne ressemble en rien à un mortel. »
Épicure, *Lettre à Ménécée.*

Le choix de la liberté

En rappelant ce que l'on oublie toujours. Comme l'a montré Jean-Paul Sartre (1905-1980), choisir ce n'est pas choisir ceci ou cela. Ce n'est pas se déterminer pour un objet en fonction de ses désirs. Car là c'est être déterminé par ses désirs comme le fait de devoir choisir entre des objets que l'on n'a pas choisis. Choisir est un acte plus profond, qui réside dans le fait de choisir le fait même de choisir. Il s'agit là d'une attitude intérieure consistant à ne pas laisser les événements extérieurs choisir pour soi. Beaucoup de personnes fuient devant la vie. Ils n'ont pas choisi de vivre vraiment. C'est cela que veut dire ne pas avoir choisi le choix. Dès lors, quand on a compris cela, on est amené à découvrir le caractère singulier de la liberté. Car choisir le choix, qu'est-ce sinon ne pas avoir d'autre choix dans le choix que de choisir le choix? Qu'est-ce, de ce fait, sinon ne pas faire ce que l'on veut? On pourra penser qu'il s'agit là d'un esclavage. Ce qui serait une erreur. Ne pas faire ce que l'on veut veut dire, en effet, ici, non pas faire la volonté d'un autre, mais faire la sienne. Le paradoxe de la liberté se trouve là. Pour être libre, encore faut-il se soumettre à la liberté en choisissant la liberté et non n'importe quoi. Encore faut-il en un mot penser en faisant de la liberté quelque chose de mûri, de profond, de fondamental, de vital.

La liberté se réalise quand on a compris qu'être libre ce n'est pas se contenter de faire ce qui nous plaît, mais accomplir des choses nécessaires comme, par exemple, le fait de lutter pour la responsabilité.

Glossaire

Âme: chez Aristote, principe d'animation. Principe de mouvement. L'âme c'est ce qui fait que les choses et les êtres se meuvent. Au sommet de la hiérarchie de tous les êtres, l'âme est ce mouvement capable de se mouvoir lui-même. Par extension, l'âme désigne la présence. La vie présente à elle-même est pleine d'âme. Avec Descartes, la notion d'âme va changer de sens* pour devenir plus intellectuelle sous la forme de la conscience.

Abstraction: l'abstrait vient du terme abstraire qui veut dire tirer hors de. L'abstraction est essentielle pour se faire une idée* du concret. Car c'est en « extrayant » les éléments importants d'une réalité que l'on a accès à celle-ci. En se perdant dans les détails, on se noie et l'on ne se représente plus rien.

Beauté: chez Platon, l'Un, qui qualifie l'absolu sous la forme de l'harmonie, a trois formes: l'harmonie intellectuelle de la vérité*, l'harmonie morale* de la bonté et l'harmonie sensible de la beauté. Faire l'expérience* du beau c'est faire une expérience sensible d'harmonie. Avec Kant, la modernité a eu tendance à voir dans le beau un état du sujet plus qu'un état de la nature.

Bonheur: le bonheur est l'état de réalisation du désir qui se trouve au-delà de la simple satisfaction lorsque le désir est comblé, du fait de vivre à l'occasion d'un plaisir, un plaisir toujours renouvelé.

Causalité: la cause est ce qui fait jaillir une chose. Elle est ce qui fait être celle-ci. Elle est ce qui la produit. La recherche des causes prétend remonter au-delà du réel à ce qui fait que le réel est réel. La métaphysique recherche les causes premières. Le positivisme, lui, critique la recherche métaphysique. Pour lui, ce qui fait que le réel est le réel, n'est autre que le réel lui-même. Un point, c'est tout.

Concept: le concept est l'outil intellectuel par lequel on saisit le réel en retenant les caractères généraux et essentiels de celui-ci. Grâce au concept nous pouvons « concevoir », c'est-à-dire nous représenter la réalité.

Droit: le droit est la science des lois* qui permettent de gouverner les rapports entre les hommes* dans la cité. Le droit, comme l'a rappelé Rousseau, permet de dire ce qu'il faut faire.

Dieu: un certain nombre de religions, en particulier le judaïsme, l'islam et le christianisme, pensent que le monde a été créé par un être souverainement parfait. Dieu est cet être souverainement parfait créateur de l'univers.

Expérience: faire une expérience c'est se reporter au monde sensible afin d'aller chercher en lui des éléments pour connaître. Par opposition à l'idéalisme* qui part de la pensée pour connaître, l'empirisme, qui pratique l'expérience, sort de lui pour aller à la recherche de la connaissance.

Finalité: la finalité renvoie à la notion de but. Les penseurs finalistes pensent que le monde a un but. Une destination ultime. Ils refusent l'idée* du hasard. Mais aussi le matérialisme*, pour qui aucune intention ne se cache derrière le réel.

Foi: fait de croire, c'est-à-dire d'adhérer sans comprendre à Dieu*. Par extension, au plan pratique, fait de faire confiance à l'autre, sans avoir forcément au départ tous les éléments pour le connaître et être sûr.

Homme: l'homme désigne un genre: le genre humain. Homme désigne aussi une vertu: la vertu de solidarité avec les autres hommes. Homme désigne enfin une réalité métaphysique: celle de l'humanité capable de se tenir pleinement en elle-même en toute conscience.

Idéalisme: l'idéalisme soutient qu'il faut partir des idées* pour accéder au réel. Car, sans idée, impossible de concevoir le réel et donc d'adhérer à celui-ci.

Idée: l'idée est la forme des choses dessinée par le principe intellectuel à l'œuvre dans le monde. Sans idée, la réalité n'aurait pas de forme.

Justice: tous les hommes* sont frères, en ce qu'ils sont des hommes, rappelle Platon. Mais tous n'ont pas le même mérite. La justice est donc ce qui fait coexister ensemble l'égalité et le mérite afin que l'égalité n'étouffe pas le mérite et que le mérite n'ait pas raison de la fraternité.

Liberté: la liberté ne consiste pas à faire ce que l'on veut. Bien qu'il soit important d'être indépendant et de pouvoir disposer de soi. La liberté est un état intérieur qui consiste à avoir délivré ce que l'on est afin de le faire vivre. On dira donc que quelqu'un est libre quand celui-ci est en accord profond avec lui-même, parce que s'étant trouvé lui-même, il s'est délivré.

Loi: la loi est l'expression pratique de la raison qui règle les rapports entre les choses ou les rapports entre les hommes*. Pour s'harmoniser avec ce qui est, il faut «se régler sur». Elle est le travail de l'unité dans les choses et dans les hommes en acte.

Matérialisme: le matérialisme pense que ce n'est pas l'idée* qui est première dans le rapport au réel, mais la matière. Pour le matérialisme, notre rapport au réel nous vient d'abord de ce que nous vivons dans notre corps et non de notre pensée. Si l'idéalisme* dit: pas de réel sans conscience, le matérialisme dit: pas de conscience ni de réel sans la vie et le corps.

Morale: la vie humaine n'est pas qu'une affaire personnelle. C'est aussi une affaire de lien avec les autres ainsi qu'avec le sens* le plus profond de la vie en général. La morale est cette partie de la philosophie qui s'efforce de mettre la vie en accord avec la vie des autres et la vie en général au sens le plus profond.

Politique: activité qui a pour but de diriger les affaires de la cité en se donnant pour cela un certain nombre de moyens, mais aussi un certain nombre de fins.

Sens: le sens signifie trois choses: une direction, une signification, une signification en mouvement. La vie a du sens quand la vie va quelque part au lieu d'errer. La vie a du sens quand on parvient à l'éclairer par le langage et la pensée. La vie a du sens quand dans notre vie un sens crée du mouvement en appelant un autre sens dans une dynamique de découverte toujours croissante.

Vérité: la vérité est ce qui fait la lumière sur la réalité en élevant la réalité à la pensée de la réalité, par l'accord de la pensée avec la réalité. Partant de l'évidence de la pensée avec elle-même, la vérité s'efforce de retrouver cette évidence dans les choses en les pensant. Quand elle y parvient, elle fait jaillir la lumière de la vérité, qui est la rencontre de la pensée et de la réalité faisant que le réel a été pensé et compris.

Bibliographie

Alain, *Éléments de philosophie*, Gallimard, 1990.
Par le maître incomparable de toute une génération, une initiation au grand art de la pensée.

Battistini (Yves), *Trois Présocratiques*, Gallimard, 1982.
La Grèce naît. Parménide, Héraclite et Empédocle chantent. Vingt siècles après, cela résonne encore.

Comte-Sponville (André), *Petit Traité des grandes vertus*, PUF, 1995.
Dans sa manière de parler de la morale, Comte-Sponville a une façon très philosophique. À suivre, pour apprendre à philosopher.

Comte-Sponville (André), Ferry (Luc), *La Sagesse des Modernes*, Robert Laffont, 1998.
Par deux philosophes très médiatisés, un excellent panorama des grandes questions qui se posent aujourd'hui et qui appellent un regard philosophique.

Épictète, *Manuel*, Garnier-Flammarion, 1982.
Quand la vertu devient sagesse, la sagesse devient une vertu.

Épicure, *Lettres*, Nathan, 1986.
Quand le bonheur devient sagesse, la sagesse devient un bonheur.

Grenier (Hubert), *La Connaissance philosophique*, Masson, 1973.
Par un grand professeur de khâgne tôt disparu, de véritables leçons de philosophie.

Heidegger (Martin), *Introduction à la métaphysique*, Gallimard, 1985.
Heidegger a un sens proprement remarquable de la question. À lire pour apprendre à questionner.

Jaspers (Karl), *Introduction à la philosophie*, coll. « 10/18 », Christian Bourgois, 1965.
Un excellent ouvrage pour s'initier aux grandes interrogations philosophiques.

Kant (Emmanuel), *Critique de la raison pure*, Garnier-Flammarion, 1985.
Impossible de parler d'interrogation sans parler du maître de la critique moderne. À lire *piano*, certes, mais aussi *illico*.

Levinas (Emmanuel), *Totalité et Infini*, coll. « Biblio essais », Hachette, 1994.
Quand la vie nous questionne sous la forme du visage de l'autre, Levinas est là pour nous dire : tais-toi et regarde. C'est beau.

Nietzsche (Friedrich), *Ainsi parlait Zarathoustra*, Gallimard, 1995.
En plein XIXe siècle, le monde européen commence à s'endormir. Nietzsche le réveille.

Pascal (Blaise), *Pensées*, Seuil, 1965.
Il faut vivre avec Pascal. Le lire tous les jours. Alors la vie commence vraiment. La vraie vie.

Platon, *La République,* Garnier-Flammarion, 1975.
L'un des textes majeurs de la philosophie et de l'humanité. Socrate interroge. On écoute et on prend des notes.

Spinoza, *Éthique,* Garnier-Flammarion, 1985.
C'est Bergson qui l'a dit. Tout homme a deux philosophies. La sienne et celle de Spinoza. Spinoza ? Non pas un sage, mais Le Sage.

Index *Le numéro de renvoi correspond à la double page.*

je reviens
de suite

Dans la collection *Les Dicos Essentiels Milan*

Le Dico du multimédia
Le Dico du citoyen
Le Dico du français qui se cause
Le Dico des sectes

Dans la collection *Les Essentiels Milan*

1 Le cinéma
2 Les Français
3 Platon
4 Les métiers de la santé
5 L'ONU
6 La drogue
7 Le journalisme
8 La matière et la vie
9 Le sida
10 L'action humanitaire
12 Le roman policier
13 Mini-guide du citoyen
14 Créer son association
15 La publicité
16 Les métiers du cinéma
17 Paris
18 L'économie de la France
19 La bioéthique
20 Du cubisme au surréalisme
21 Le cerveau
22 Le racisme
23 Le multimédia
24 Le rire
25 Les partis politiques
26 L'islam
27 Les métiers du marketing
28 Marcel Proust
29 La sexualité
30 Albert Camus
31 La photographie
32 Arthur Rimbaud
33 La radio
34 La psychanalyse
35 La préhistoire
36 Les droits des jeunes
37 Les bibliothèques
38 Le théâtre
39 L'immigration
40 La science-fiction
41 Les romantiques
42 Mini-guide de la justice
43 Réaliser un journal d'information
44 Cultures rock
45 La construction européenne
46 La philosophie
47 Les jeux Olympiques
48 François Mitterrand
49 Guide du collège
50 Guide du lycée
51 Les grandes écoles
52 La Chine aujourd'hui
53 Internet
54 La prostitution
55 Les sectes
56 Guide de la commune
57 Guide du département
58 Guide de la région
59 Le socialisme
60 Le jazz
61 La Yougoslavie, agonie d'un État
62 Le suicide
63 L'art contemporain
64 Les transports publics
65 Descartes
66 La bande dessinée
67 Les séries TV
68 Le nucléaire, progrès ou danger ?
69 Les francs-maçons
70 L'Afrique : un continent, des nations
71 L'argent
72 Les phénomènes paranormaux
73 L'extrême droite aujourd'hui
74 La liberté de la presse
75 Les philosophes anciens
76 Les philosophes modernes
77 Le bouddhisme
78 Guy de Maupassant
79 La cyberculture
80 Israël
81 La banque
82 La corrida
83 Guide de l'état
84 L'agriculture de la France
85 Argot, verlan, et tchatches
86 La psychologie de l'enfant
87 Le vin
88 Les OVNI
89 Le roman américain
90 Le jeu politique
91 L'urbanisme
93 Alfred Hitchcock
94 Le chocolat
95 Guide de l'Assemblée nationale
96 À quoi servent les mathématiques ?
97 Le Front national
98 Les philosophes contemporains
99 Pour en finir avec le chômage
101 Le problème corse
102 La sociologie
103 Les terrorismes
104 Les philosophes du Moyen Âge
105 Guide du Conseil économique et social
106 Les mafias
107 De la Ve à VIe à la République ?
108 Le crime
109 Les grandes religions dans le monde
110 L'eau en danger ?
112 Mai 68, la révolution fiction
113 Les enfants maltraités
114 L'euro
115 Les médecines parallèles, un nouveau défi
116 La calligraphie
117 L'autre monde de la Coupe
119 Le flamenco, entre révolte et passion
120 Les cathares, une église chrétienne au bûcher
121 Les protestants
122 Sciences cognitives et psychanalyse
123 L'enfant et ses peurs
124 La physique, évolutions et enjeux

Responsable éditorial
Bernard Garaude
Directeur de collection – Édition
Dominique Auzel
Secrétariat d'édition
Anne Vila
Correction – révision
Pierre Casanova
Illustration
Jean-Claude Pertuzé
Conception graphique
Bruno Douin
Maquette
Exegraph
Fabrication
Isabelle Gaudon
Maryline Danglades

Les erreurs ou omissions involontaires qui auraient pu subsister dans cet ouvrage malgré les soins et les contrôles de l'équipe de rédaction ne sauraient engager la responsabilité de l'éditeur.

© 1998 Éditions MILAN
300, rue Léon-Joulin,
31101 Toulouse cedex 100 France

Droits de traduction et de reproduction réservés pour tous les pays. Toute reproduction, même partielle, de cet ouvrage est interdite.
Loi 49.956 du 16.07.1949

ISBN : 2-84113-708-2
D.L. 2e trimestre 2006
Aubin Imprimeur, 86240 Ligugé
Imprimé en France